产业投资全视野

——跨思维应对实践挑战

王喜东◎著

Smart Guide of Industrial Investment

–Lereraging Essential Elements to Practice

经济管理出版社
ECONOMY & MANAGEMENT PUBLISHING HOUSE

图书在版编目（CIP）数据

产业投资全视野：跨思维应对实践挑战/王喜东著 .—北京：经济管理出版社，2023.12

ISBN 978-7-5096-9548-7

Ⅰ.①产…　Ⅱ.①王…　Ⅲ.①新兴产业—投资—研究—中国　Ⅳ.①F269.24

中国国家版本馆 CIP 数据核字(2024)第 020148 号

组稿编辑：张巧梅
责任编辑：姜思宇
责任印制：张莉琼
责任校对：蔡晓臻

出版发行：经济管理出版社
（北京市海淀区北蜂窝 8 号中雅大厦 A 座 11 层　100038）
网　　址：www. E-mp. com. cn
电　　话：（010）51915602
印　　刷：北京晨旭印刷厂
经　　销：新华书店
开　　本：720mm×1000mm/16
印　　张：10.75
字　　数：154 千字
版　　次：2024 年 4 月第 1 版　　2024 年 4 月第 1 次印刷
书　　号：ISBN 978-7-5096-9548-7
定　　价：88.00 元

联系地址：北京市海淀区北蜂窝 8 号中雅大厦 11 层
电话：（010）68022974　　邮编：100038

经济大潮汹涌澎湃，谨以此书献给每一位在大潮起伏中不懈努力的人。

前 言

随着产业投资在社会经济生活中的关注度不断提升，越来越多的组织（自然人）直接或间接与其有关联，每个相关者都有其不同的角度。比如，实体企业首要关注项目的可行性，能否为其下一步发展增砖添瓦；投资机构首要关注项目的盈利性，能否为其代理的资金实现预期收益；中介机构首要关注项目的可操作性，能否顺利撮合交易；政府则从招商引资角度关注项目为地方经济发展带来多大贡献，增加多少就业机会。那么，产业投资的本质是什么？对经济生活有什么作用？它是如何运转的？有哪些因素（主体）影响到它且是如何影响的？这些主体参与产业投资的规则和逻辑在哪里？通过找到这些问题的答案，我们厘清产业投资的底层逻辑，从而会更自如地把握、运作投资项目。本书上篇立足宏观经济增长，把产业投资本身看作一个行业，进行基本的行业架构分析；中篇结合实际对不同的产业投资参与者分别介绍其参与产业投资的逻辑、规则、核心诉求，同时介绍了产业投资领域的相关基本知识，内容着重于宽度兼顾深度，基于前两篇的基本认知，形成了产业投资行业架构和底层逻辑；下篇从行业底层逻辑出发，针对实际工作中的部分常见问题与案例，论述了如何跨越自身思维范式的局限，提升应对实际问题的能力与水平。本书同时为从事产业投资相关工作的从业者搭建了思维模型，从高层面、宽视野、多角度认识和把握产业投资，从实战中积累和提升专业化实操能力，亦即自上而下地认知，自下而上地执行。

本书涉及较强的专业性内容，如财务报表分析、项目估值，这些本身就是大学里单独的专业课，而且需要大量会计、管理等背景知识。作为投资领域的从业人员，这些方面的知识可以不像专业人员一样精深，但要具备基本知识，了解其中的逻辑，有助于实践中经验的积累、升华。限于篇幅，本书仅通过案例简要介绍实操中的要点，市场上有大量专业书籍，有兴趣的读者可根据工作需要另行进行专业阅读学习。

本书可供工作与投融资相关的人士（企业、投资机构、创业者、政府及开发区等）作参考，也可供对投资感兴趣的人士了解、研究投资活动。推而广之，本书也为更广大的读者展示基于认识论、方法论指导实践的过程，在从事一项新事业时，从大处着眼、小处着手，宽处着眼、细处着手，跨越知识领域形成基本认知，进而理解底层逻辑，把握其运行规律，跨越固有思维框架来认识、思考、处理问题，这既是方法论、思维模型，也是从业中的“行业情商”。让“情商”插上认知的翅膀，就会飞得更高更远……

目　录

上篇

宏观经济视野

中篇

微观经济范式

下篇

跨越思维范式

上篇

宏观经济视野

Every individual is continually exerting himself to find out the most advantageous employment for whatever capital he can command. It is his own advantage, indeed, and not of the society, which he has in view. But the study of his own advantage naturally, or rather necessarily leads him to prefer that employment which is most advantageous to the society.

—Adam Smith "An Inquiry into the nature and causes of the wealth of nations"

（每个人都不断地努力为自己所能支配的资本找到最有利的用途，的确这是出于自身考量而不是社会利益，但是这自然会或者说必然会导致他选择最有利于社会的用途。）

——亚当·斯密《国富论》

第一章
提升产业投资认知

一、优秀的密码

有句话说得好，“看不清真相，也许是你离得不够近；看不清全貌，也许是你离得不够远”。浩瀚世界、芸芸众生，我们是谁？我们处于一个什么系统内？这个系统是如何运转的？其运转的逻辑是什么？这个系统可能会走向何处？我们在其中的角色是什么？发挥着什么作用？如何给这个系统增加价值的同时做到自我价值的提升与实现？这些看似是一些哲学问题，实际上与我们每个人的生活乃至人生轨迹息息相关。跳出自我的范式，站在高处俯瞰这个系统，会带给我们更宽阔的视野，看清事物全貌；代入到角色里看底层逻辑，会获得更深刻的理解，更清楚自己处于系统中哪个位置，更自如地应对面临的问题。无论我们的职业是什么，处于什么行业，我们发现那些优秀的人，无不是对自己所处的行业有全面、深刻的认识，以其敏锐的眼光洞悉未来，同时对所从事的职业有深刻的把握。有人说，“一个人的成功，20%靠智商，80%靠情商”，但其实，情商是以认知为基础的。我们大家经常说换位思考，这是情商的一种体现，但如果没有对对方的认知，换位就是一句空话，更谈不上思考。认知到底有多么重要？字节跳动创始人张一鸣的一段视频在网上热传：“对事情的认知是最关键的，你对事情的理解，就是你在这件事情上的竞争力，因为理论上，其他的生产要素都可以构建……”

二、发生在身边的事

现在是一个变化节奏越来越快的时代，当今世界，大国博弈、地缘政治冲突等事件引发并加剧了能源危机、供应链危机，全球经济雪上加霜。中国是世界上最大的发展中国家，庞大的市场和相对完备的产业基础决定了经济韧性强，当前，人们寄希望于经济迅速进入正轨，但现实情况低于人们预期，经济社会发展面临多重困难。发展是解决社会矛盾、实现人民对美好生活向往的基础，发展的源泉来自于经济增长，促进经济增长成为人们共同关注的话题。从经济学角度来看，所有产品和服务都是为了满足人们的消费需求，因而消费对促进经济增长起着基础性作用；投资（源自资本积累）是经济增长的源泉，因而对经济增长起着关键性作用。消费直接在我们身边，大家几乎都能通过消费感觉到个体与整个经济系统的相互依存关系；其实投资也在我们身边，比如，广义地讲，居民储蓄就是一种投资行为，储户的资金通过银行贷款流向企业，企业用于扩大再生产，创造效益。对于居民来讲，这属于间接投资；对于企业来讲，这便是有效拉动经济增长的直接投资。直接投资本身拉动经济增长，所投资项目成功运行、产生效益，而其衍生效应也促进了经济增长。经济形势好的时候，国民经济系统运行中充满着机会，投资活动屡见不鲜，有时甚至要防止过热倾向；经济下行时，挑战大于机遇，投资活动收缩，就对相关从业者提出了更高的要求。

以下发生在我们身边的三则事例都与投资活动有关，主人公可能是我们的朋友、同事，或者是我们朋友的朋友、同事的朋友……

案例一：孟部长是国内一家大型企业集团新业务事业部的投资总监，2010 年大学毕业应聘到集团，先入职 IT 事业部，小伙子敢打敢拼，善于开疆拓土，升任部门经理后带领团队连续三年在事业部中业绩位居第一名。作为集团重点培养的年轻力量，三年前被提拔为总部投资管理部副部长，2022 年年底集团成立新业务事业部，孟部长成为集团两个最年轻的事业部副总级领导之一。目前，集团与当地市政府签署了战略合作协议，形成了一揽子合作方案，新业务事业部负责其中智慧城市项目建设运营。签约仪式当天气氛热烈，政府领导、集团领导都对合作寄予厚望，通过签约活动，孟部长也认识了不少政府相关部门领导，为落实合作协议内容创造了良好开端。可是最近一段时间，孟部长带领团队与政府相关部门沟通了数次，一直没有明显进展。时间过去三周了，连项目初步方案还没达成一致。双方合作基础肯定是没问题的，签约仪式上高朋满座，商谈氛围也可以，对方态度一直不错，可就是谈着谈着就走不到一块儿去。这让孟部长非常郁闷，失去了往日带领团队做项目时叱咤风云的感觉。周例会说到这项工作时，他向事业部总经理林总吐槽道：“林总，这些处长太难打交道了，不温不火的，我们是真金白银投资的，咋回事！他们说的每个字我都认识，可就是听不懂他们要表达什么意思。”孟部长刚进集团公司时第一任领导就是林总，两人彼此非常熟悉，所以孟部长说话很直接。“小孟，”林总说，“听不懂是你的问题，吴处长和李副处长我都认识，他们人挺好的，人家是客户，读懂客户是必须的，你情商又不低，得解决认知问题，注意了解他们考虑、处理问题背后的逻辑”。

周例会快结束时，看着孟部长似是而非的表情，林总说了一句，“小孟，会后你留一下。”

案例二：从把家业传给儿子后，老郑也没闲着（老郑是“创一代”，企业和其本人在当地都小有名气，由于人品好、性格豪爽，熟悉的朋友都称他“老郑”），除了生产经营上的一些重要事情帮拿拿主意，这一年多来腾出精力一直在考虑公司的长远发展。三十多年前老郑白手起家，创立了 HT 机械制造有限公司，生产工程机械配件。历经拼搏，工厂发展到员工 300 多人，最好的年份销售收入接近 6 亿元。2017 年儿子小郑从美国留学回国，在老郑的劝说下进了公司，经过几年的磨合，父子俩都感觉不错，公司上下也比较认可，2021 年老郑让小郑接任了总经理，2022 年干脆把董事长位子也传给了小郑。年轻人精力充沛，工作靠得上，疫情期间，一边疫情防控，一边保生产，没出任何纰漏，客户关系也维护得很好。工程机械算是传统产业，并且周期性强，小郑建议丰富一下产品线，有利于公司稳定经营，提高抗风险能力，同时为下一步登陆 A 股市场打基础。老郑觉得很有道理，创业以来跟着这种强周期行业上上下下的，吃尽了苦头、操碎了心，虽然维持了经营稳定，但利润率比较低，挣的是辛苦钱。大方向有了，但是具体做什么、如何做，不是简单问题，而且老郑也遇到公司内部的一些不同意见，外部朋友也有善意的建议。总的观点是，经济下行、风险大，守好摊子就行了。老郑认为，规避风险、稳健经营没错，但不能放弃探索新的机会，越是大家都难的时候越可能有机会，在这一点上父子俩高度一致。初步设想在原来基础上投资购置数控加工中心，进入深加工领域，提高产品附加值。前段时间小郑的朋友介绍了一家投资公司，叫DK投资顾问有限公司，实地考察后建议公司引进外部投资者，一是降低投资风险，二是为上市做股权结构方面的准备。说实话，公司初具规模后，老郑接触过不少投资机构，早在2006年，有一家投资咨询公司说帮助公司快速在美国纳斯达克上市，忙活了半天是借壳上柜台交易市场，无法实现融资。幸亏老郑及时终止，但6万美元的中介费已经付出去了。后来陆续有一些投资公司来商谈合作，老郑大多让财务总监接待了。现在公司处于寻求上台阶的时期，老郑直觉应该有外部力量加入，加上儿子小郑态度坚决，说调查过这家中介机构，信誉不错，有不少成功的投融资案例，就同意让他去继续推进。这毕竟是涉及公司长远发展的大事，在公司的发展历程中也没有经历过几次，选什么样的投资者进来、以什么方式进来，老郑叮嘱小郑一定要审慎，多商量。

案例三：N市地处我国中西部，上一个十年，全市上下锐意进取，积极承接东部产业转移，经济得到较快发展，GDP增速一直位居全省各地市前列。近几年，随着招商引资工作的竞争日趋激烈，加上疫情影响，明显感觉到产业后劲不那么足了。市委、市政府对此高度重视，提出把招商引资作为全市“一号工程”，以招商引资促产业发展，以产业发展带动经济社会在原有基础上再上台阶。为此，市委、市政府采取了一系列措施，其中之一是强化全市招商引资力量，市、区招商局都增加了编制，充实了新生力量，市招商局还新配备了领导班子，新任局长范某来自市发改委，985工科院校毕业后在省属企业工作，担任过省政府驻德国办事处主任，后来到市发改委挂职副主任，一年的挂职期满，她工作经历丰富，熟悉省情、市情，善于协调关系，被大家称为“双商在线”。范局长在发改委分管工业投资处，对招商引资不陌生，但压根儿没想到组织上派她担任招商局局长，感到压力巨大，耳边一直萦绕着市委王书记与她任前谈话时的叮嘱：“选你担任招商局局长是市委再三酝酿、研究，并请示省委组织部商定的。大家都知道这个局长不好干，当前总体经济形势严峻、挑战多于机遇，必须强化招商引资，为我市经济发展注入新动能。招商引资在我国经过三十多年的发展，已经成为一项很成熟的工作了，现在又面临新情况、新问题，竞争白热化。‘沧海横流，方显英雄本色’，越是这时候越要咬牙上。工作中要多措并举，不能走只依靠考核作为指挥棒、层层下指标的老路子，要出新招，专业才能创新、创新才能成功。要提高专业化能力，谋划、招引对全市经济发展起到举足轻重作用的大项目。市里在编制如此紧张的情况下，挤出12个编制扩充招商局的力量，也体现了对招商局工作的极大支持，招商局整体干部队伍素质是高的，希望你把队伍带好，成为一支专业化、能打硬仗、能打胜仗的队伍……”

于是范局长到任后，马不停蹄地走访、考察、调研，亲自带领队伍对100多个重点在谈项目进行梳理，与局班子成员及干部群众就如何改进工作多次研究讨论，大家都对招商引资陷入同质化竞争、严重内卷、拼政策的怪圈深有同感，普遍认为，招商引资工作必须改变过去那些自说自话、强拉硬拽的方式方法，需要更专业化、更贴近企业、更贴近市场，但如何做到，都没有形成成熟的思路，或者说还处于不同程度的迷茫中。作为政府部门工作人员，平时还有大量的行政事务性工作，政府工作和企业工作衡量宗旨不同，政府更注重公平、企业更注重效率，如何同时练就行政化思维和市场化思维，能够在两者之间适时转换，从而在招商引资实际工作中能熟练平衡各方利益诉求，促成项目落地，是大家共同面临的苦恼与工作挑战。

不管是孟部长也好、老郑也好、范局长也好，每个人都在自己的从业领域耕耘多年，属于佼佼者，但现在都面临新挑战，就是在自己熟悉的领域做貌似熟悉的事——产业投资。三个人都在各自的领域形成了一整套行之有效的思维模式、工作方法，但如果孟部长用企业思维去应对政府事务、范局长用行政思维去考虑市场问题、老郑用实体经营思维去与资本沟通，结果可想而知。所谓好事不出门，坏事传千里，市场上产业投资活动事与愿违的例子比比皆是。以上三个案例都是实际中发生的，主人公不可谓情商不高、不可谓同理心不够，也不是哪件事做得对或者错，这些只是工作或生活中面临的许多挑战中的一部分，这些挑战在现实生活中没有标准答案，但回顾、总结工作生活中遇到的挑战，不断加深对其内在逻辑的认知，在此基础上探索新的行之有效的思维方式、方法论，用以指导实际工作，无疑会使自己的人生道路越走越宽。

第二章
产业投资的宏观经济视野

一、经济增长是人们福祉的源泉

经济活动是人类赖以生存和发展的基础，把社会看作一个经济系统整体，在这个系统中，千千万万个主体可简化为三大类：政府、企业、居民（也可体现为家庭或个人），他们作为整体中的部分，在社会经济中的角色不同，起到的作用不同，诉求点抑或是利益点不同，但整体的关注目标是一致的，即人们生活水平提高、社会财富增加、人类文明进步与发展。每个人既是亚当·斯密说的“经济人”，又是霍桑实验所展示的“社会人”。有人问特斯拉创始人兼首席执行官埃隆·马斯克为何对人类文明如此关注，他答道：

“……其实我认为，就算一个人再自私，也需要关心人类文明，因为缺乏人类文明，我们无法生存，没有任何人真正喜欢孤独地生活……”

改革开放以来，我国经济社会发展取得的成就有目共睹。经济社会发展涉及方方面面，拿我们日常直接感受到的来说，一方面是我国人民生活水平明显提高，另一方面是随处可见的生活环境、公共设施、道路交通、城市面貌等大为改善。生活水平是每个人能够直接感受到的，经济学中一般用恩格尔系数来衡量。以下是我国近 20 年来恩格尔系数变化情况[1]，如图 2-1 所示。

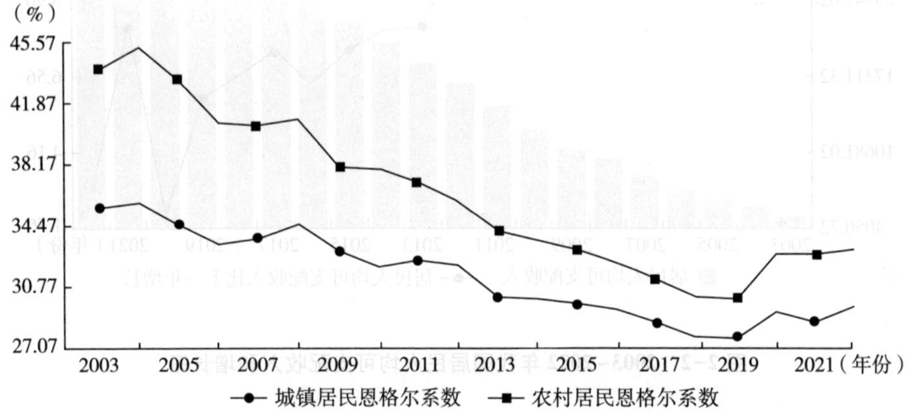

图 2-1　2003~2022 年我国城镇居民和农村居民的恩格尔系数走势变化

恩格尔系数是食品支出总额占个人消费支出总额的比重。一个家庭（个人）收入越少，其总支出中用来购买食物的支出所占的比例就越大，随着收入的增加，总支出中用来购买食物的支出比例则会下降。从图 2-1 趋势线中可以看出，改革开放以来，我国居民生活水平持续不断提高，同时也可以看出，近三年人们生活水平有所下降，恩格尔系数在 2019 年到达低点后明显有

① 本章数据及图表除单独标明外均来自国家统计局网站，www. stats. gov. cn。

抬高趋势。

居民生活水平的提高来自居民收入增长，2003 年，我国居民人均可支配收入仅为 5007 元，2022 年增加到 36883 元，20 年来增长了约 6 倍，如图 2-2 所示。

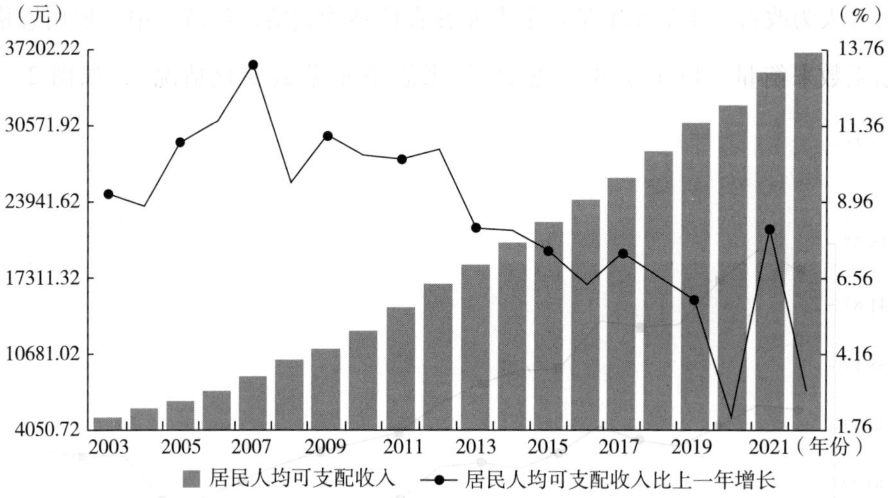

图 2-2　2003~2022 年我国居民人均可支配收入和增长率

居民人均可支配收入主要由工资性收入、经营性净收入、转移性净收入及财产性净收入构成。经营性净收入指居民从事生产经营活动所获得的净收入；转移性净收入指转移性收入扣减转移性支出之后的收入，转移性收入来自国家、单位、社会团体对居民的各种经常性转移支付和居民之间的经常性收入转移；财产性净收入指居民将其所拥有的金融资产进行理财、投资，住房等非金融资产对外租赁得到的收入。四种收入来源中，工资性收入一直是我国居民最主要的收入来源，近年来其约占居民总收入的 60%，如图 2-3 所示。在城镇居民中，这个比例更高。

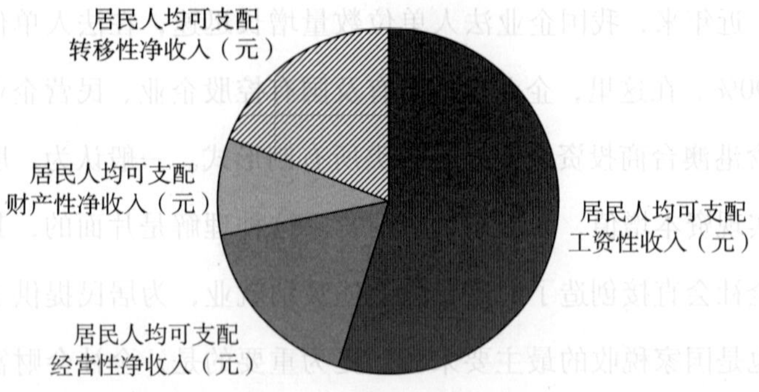

图 2-3　我国居民收入构成（2022 年）

以工资性收入为例，2003 年，我国城镇单位就业人员平均工资为 13969 元，2022 年增加到 114029 元，20 年来增长了约 7 倍，如图 2-4 所示。右轴为城镇单位就业人员平均货币工资指数，上年度以 100% 为基数，从该指数也可以看出疫情这几年收入下降的趋势，与前述恩格尔系数趋势相印证。

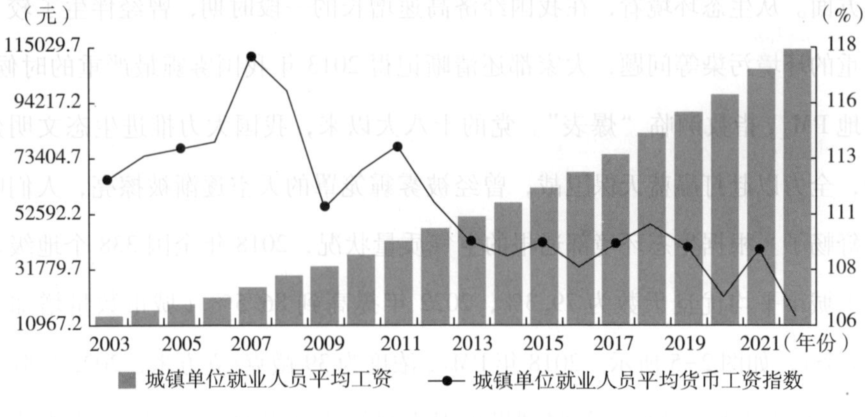

图 2-4　2003～2022 年我国城镇单位就业人员平均工资和指数

工资性收入来自居民（劳务提供者）为其就业的组织机构（法人单位）提供劳务所得。在我国，法人单位包括企业、事业单位、机关、社会团体及其他法人。近年来，我国企业法人单位数量增长迅速，在法人单位总数中的占比接近90%。在这里，企业包括国有及国有控股企业、民营企业、外商投资企业（含港澳台商投资企业）等各类所有制形式。一般认为，股东创办企业目的是实现资本增值，为股东创造财富。这种理解是片面的，其实企业生产经营为全社会直接创造了财富，除上述吸纳就业，为居民提供工资性收入外，企业也是国家税收的最主要来源。更为重要的是，全社会财富创造的物质源泉是由企业再生产及扩大再生产带动的。正如国务院副总理刘鹤2023年1月在瑞士达沃斯举行的世界经济论坛年会上发表致辞时所说："在推动共同富裕的历史过程中，包括外商在内的企业家将发挥非常关键的发动机的作用。因为他们是社会财富创造的关键要素，如果没有财富的积累，共同富裕就会成为无源之水、无本之木。"

生活环境及基础设施改善涉及的领域很多，现列举几个人们切身感受到的方面。从生态环境看，在我国经济高速增长的一段时期，曾经伴生了较为严重的环境污染等问题，大家都还清晰记得2013年我国雾霾最严重的时候，多地$PM_{2.5}$指数濒临"爆表"。党的十八大以来，我国大力推进生态文明建设，全力以赴打赢蓝天保卫战，曾经被雾霾笼罩的天空逐渐被擦亮，人们呼吸舒畅了。根据生态环境部通报的空气质量状况，2018年全国338个地级及以上城市平均优良天数为79.3%，2022年提高到86.5%（城市数量增加为339个），如图2-5所示。2018年$PM_{2.5}$浓度为39微克/立方米，2022年降到29微克/立方米，连续三年降到世界卫生组织所确定的35微克/立方米第一阶段过渡值以下，生态环境质量持续改善，如图2-6所示。

从生活用水、燃气、道路、公园绿地等指标数据来看，城市用水普及率从2007年的93.8%增加到2021年的99.4%；城市燃气普及率从2007年的87.5%增加到2021年的98%，如图2-7所示。人均城市道路面积从2004年

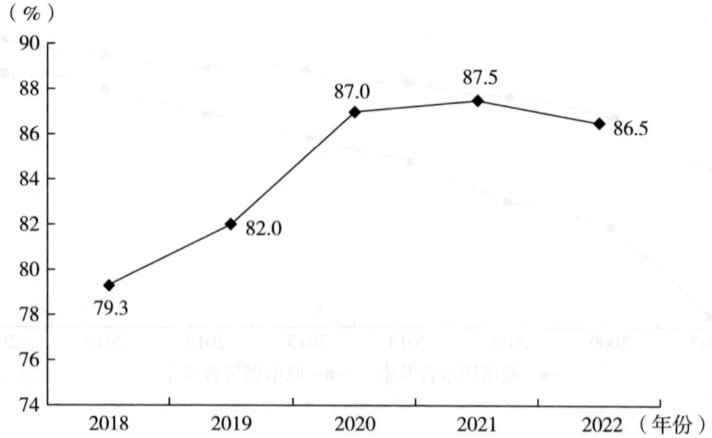

图 2-5 2018~2022 年全国地级及以上城市空气质量优良率

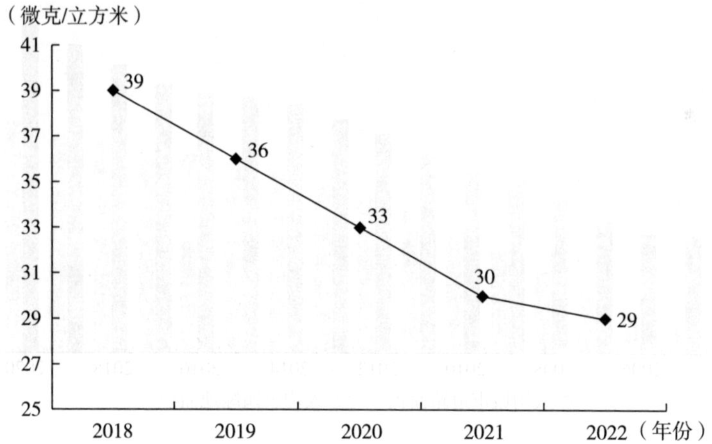

图 2-6 2018~2022 年全国地级及以上城市 $PM_{2.5}$ 浓度

的 10.34 平方米增加到 2021 年的 18.84 平方米；人均公园绿地面积从 2004 年的 7.39 平方米增加到 2021 年的 14.87 平方米，如图 2-8 所示。生活便利了，马路变宽了，景色更加怡人了，体现了全社会生活品质的提升。

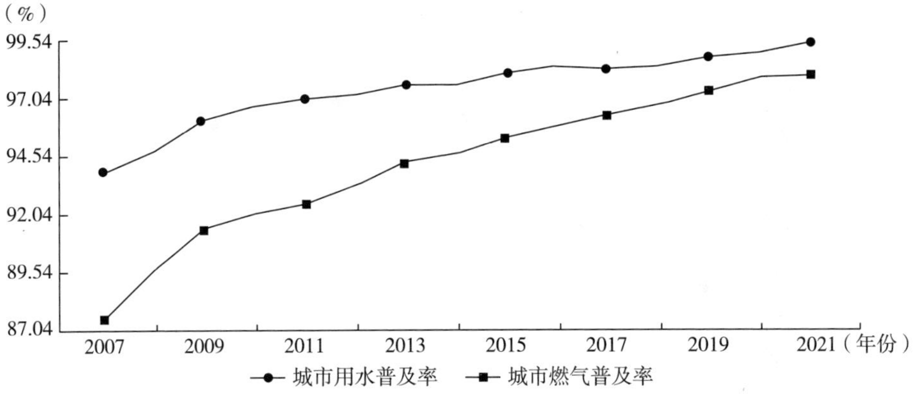

图 2-7　2007~2021 年城市用水和燃气普及率

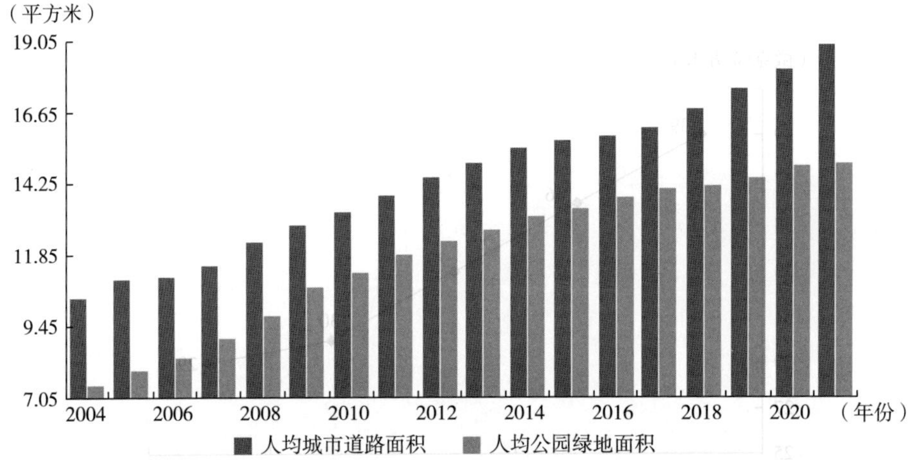

图 2-8　2004~2021 年人均城市道路面积和公园绿地面积

上述生活环境及基础设施等方面的改善主要来自政府投资，政府投资的资金保障来源于财政收入，财政收入则主要来自税收。在我国，国家税收收入通常占财政收入的 80%以上。由图 2-9 可以看出，我国财政收入从 2003 年的 2.17 万亿元增加到 2022 年的 20.37 万亿元，20 年来增加了约 8 倍。

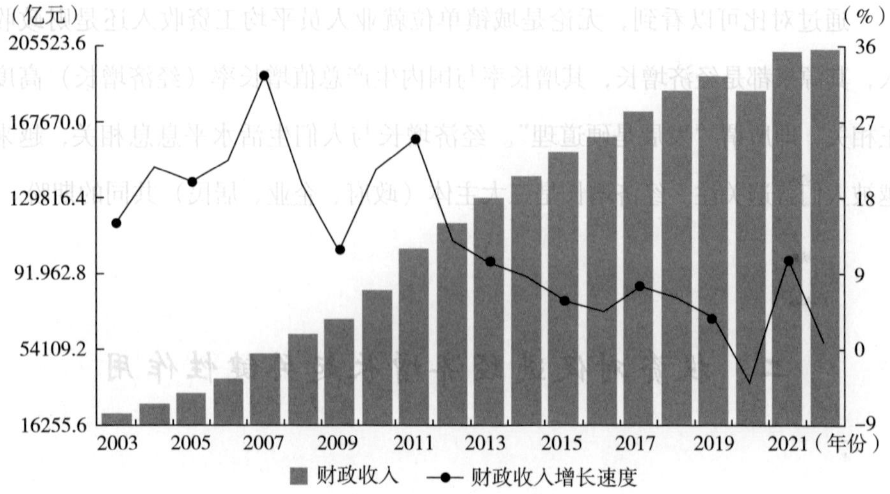

图 2-9　2003~2022 年我国财政收入及增长率

居民生活水平提高也好，公共设施改善也好，都离不开收入，即财富的来源。所谓整体决定部分，财富的生产取决于这个经济系统的增长。经济增长指的是社会财富即社会总产品（服务）量的增加，一般用我们熟知的国内生产总值来表示。由图 2-10 可以看出，我国的国内生产总值从 2003 年的 13.74 万亿元增加到 2022 年的 121.02 万亿元，20 年来同样增加了约 8 倍。

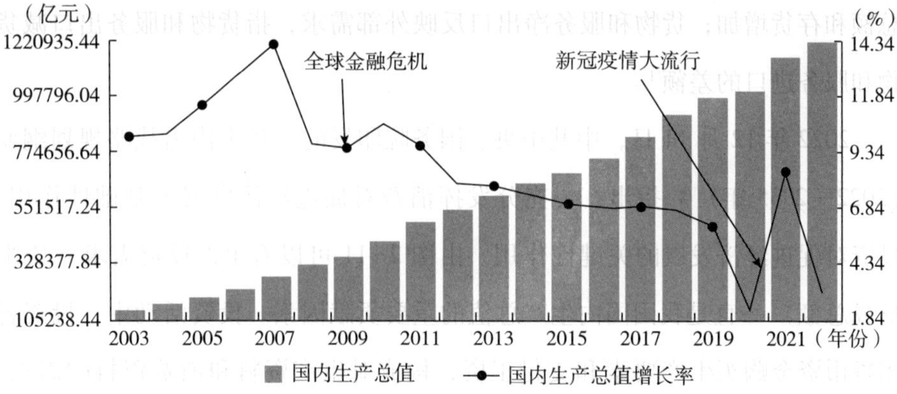

图 2-10　2003~2022 年我国国内生产总值及增长率

通过对比可以看到，无论是城镇单位就业人员平均工资收入还是财政收入，其源泉都是经济增长，其增长率与国内生产总值增长率（经济增长）高度正相关，即所谓“发展是硬道理”。经济增长与人们生活水平息息相关，越来越被人们普遍关注。经济增长是三大主体（政府、企业、居民）共同的期盼。

二、投资对促进经济增长起关键性作用

经济增长本质上是产品（服务）的增长，拉动经济增长即推动产品（服务）产出提高，从其衡量的定量指标看，亦即国内生产总值的增加。国内生产总值有三种核算方法：生产法、收入法和支出法。从支出法核算角度看，经济增长是消费、投资、净出口这三种需求之和，经济学上常把最终消费支出、资本形成总额（由投资形成）、货物和服务净出口这三者形象地比喻为我们大家熟知的“拉动经济增长的三驾马车”。最终消费支出反映消费需求，分为居民消费和政府消费；资本形成总额反映投资需求，分为固定资本形成总额和存货增加；货物和服务净出口反映外部需求，指货物和服务出口减货物和服务进口的差额[①]。

2022 年 12 月 14 日，中共中央、国务院印发的《扩大内需战略规划纲要（2022—2035 年）》指出，要充分发挥消费对促进经济发展的基础性作用、投资对促进经济发展的关键性作用。由图 2-11 可以看出，投资需求（资本形成总额）一直是我国国内生产总值的重要贡献因素。投资活动中，投资者用货币资金购买生产要素和支付工资，构成对生产资料和消费资料的需求，

① 以上名词定义来自国家统计局网站。

使国民经济总量增加，这就是投资需求拉动效应。另外，投资拉动还具有乘数效应，根据凯恩斯的投资乘数理论，新增加的投资经过一定时间传导后，可促成收入与就业量数倍的增加，间接导致数倍于投资量的国内生产总值。投资需求对经济增长的拉动作用如此大，而且相对来讲易于调节，扩大投资需求，则会拉动经济增长；缩小投资需求，则会抑制经济增长，所以投资成为政府宏观经济调控的重要手段。

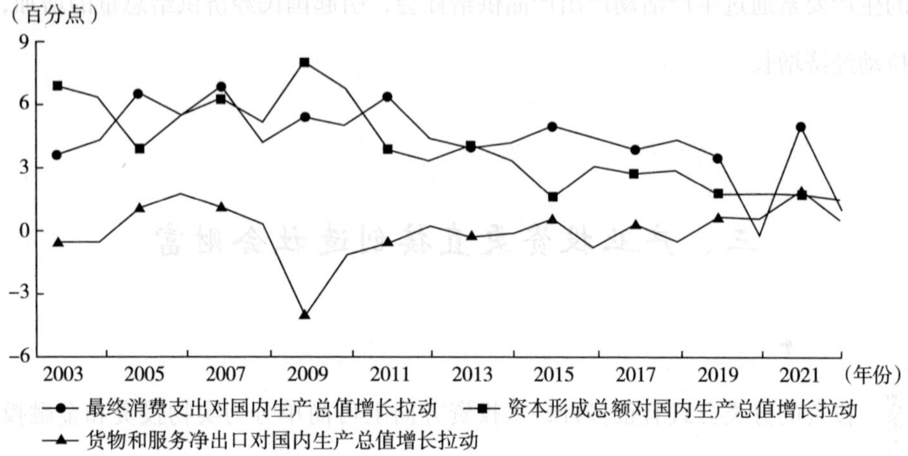

图 2-11　2003~2022 年三大需求对国内生产总值增长的贡献率和拉动

实践正是如此，将图 2-11 与图 2-10 国内生产总值走势对比可以看出，每当经济形势严峻的年度，投资拉动往往起到定海神针的作用。比如，2008 年，由美国次贷危机引发的国际金融危机爆发后，全球经济遭到重创，中国经济增速受到影响而快速回落，出口出现负增长。2009 年，我国当年净出口额从 2008 年的 2.09 万亿元下降到 1.34 万亿元，负增长 36%，下拉国内生产总值 4 个百分点。得益于中央政府于 2008 年 11 月推出的进一步扩大内需、促进经济增长的十项措施，十项措施到 2010 年底约需投资 4 万亿元，俗称“4 万亿计划”，专家预计彼时能拉动全社会投资约 20 万亿元。事实上，2009

年投资（资本形成总额）拉动经济增长贡献8%，对国内生产总值贡献率达到85%；2020年，消费急剧下滑，全年最终消费支出对国内生产总值增长下拉0.2个百分点，此时稳投资政策持续发力，投资成为拉动经济增长的主要动力，全年投资（资本形成总额）拉动经济增长贡献1.8%，对国内生产总值贡献率达到81.5%，使我国成为当年全球唯一实现经济正增长的主要经济体。

除了创造需求外，投资还具有创造供给的功能。投资活动中，交付使用的生产要素通过生产活动产出产品供给社会，引起国民经济供给总量的增加，拉动经济增长。

三、产业投资更直接创造社会财富

投资的分类方式有很多种，从投资方向上可简单分为实物投资和金融投资。非严格定义下实物投资又可以称之为实业投资或产业投资，指投资者建设道路桥梁、建造厂房、购置生产设备、购买存货等投资行为，这是上述国内生产总值核算中，资本形成总额核算的重要基础。金融投资指投资者购买股票、公司债券、国家债券等有价证券以及各种理财等，银行储蓄也属于一种金融投资行为。

从投资主体看投资活动，社会经济系统中的三大主体在社会经济中的角色不同，从事投资活动的领域各有侧重，政府的投资主要在于道路桥梁等公共基础设施建设，也有购买国外股票、债券等金融投资行为；企业投资以建造厂房、购置设备、研发、存货等再生产以及扩大再生产行为为主，也有购买股票、债券等金融投资行为；家庭（居民）投资则通常包含购买房产、银行储蓄、理财、购买金融资产（股票、债券）等。虽然三大主体投资活动各有侧重，但并不排除其投资方向的多样性，比如政府及居民也会以各种方式参与产业投资，只不过相对于企业来讲占比较小。

投资活动中，产业投资具有高度溢出效应，最直接的是导致社会财富增加。一是如前所述，产业投资主要用于形成固定资产，作为投资需求增加国家的经济总量，直接刺激经济增长；二是产业投资项目需要人力资源持续运营，促进就业岗位的增加，带动社会收入水平的提高；三是产业投资项目生产产品的升级可以提升供给质量，增加有效供给，提高社会消费水平，促进消费需求，这也正是2015年以来我国面对新的经济形势进行供给侧结构性改革的主要内容；四是产业投资驱动产业升级，带来产品出口竞争力的提升，扩大外部需求。

产业投资以项目为载体实施，所以在不严格定义的情况下常常与项目投资混称，项目的兴办主体大多数为企业（在我国，有时为国有事业单位，这类项目通常为公益类事业，与企业项目相比，占得比例极小），因而企业的项目投资是经济增长的核心动力之一，是政府、企业、居民三大经济主体共同关注的焦点，符合全社会利益。本书从下一章节开始进入微观层面讨论，为便于清晰和聚焦细节内容，我们有时以项目投资为名词展开论述。

四、产业投资的底层架构

广义来讲，投资是经济主体为获取预期收益而投入各类要素的经济活动。企业进行项目投资的目的同样也是为了获取预期收益，因此，所有影响项目收益的因素都会不同程度地影响到项目投资决策，能对这些因素施加影响的经济主体同样也在投资决策过程中起到一定的作用。以最常见的制造业投资项目为例，从图 2-12 简化的流程环节来看，企业有了项目投资意图后，从项目筹备选址开始，经过获取行政许可、筹措资金、购置资产、聘任员工、建立运营体系进行运营、向市场销售产品等环节后，才会实现收入（没有实现销售的产品形成存货，这些存货有可能是被动的，类似产品积压，也有可能是主动的，比如，为了快速响应客户订单而留有的存货，从财务核算角度看，存货一般不计入收入）。随后，企业为了持续经营而进行再生产，还需要将收入的一部分循环投入购买原材料、设备维护、研发等等。

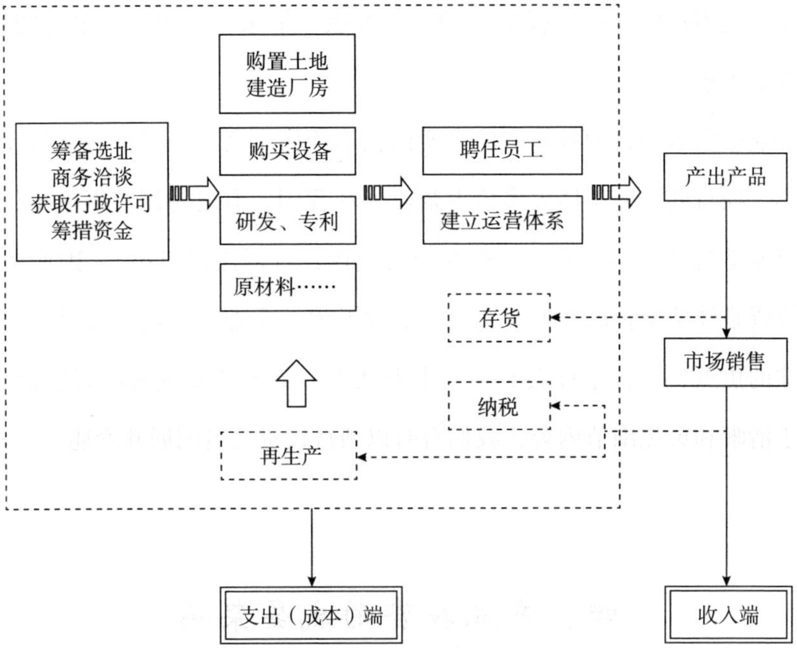

图 2-12　项目运行环节示意图

图 2-12 仅限于定性描述项目投资预期收益的产生过程，实际情况下，要素和环节要复杂得多，后面章节我们还会有论述。企业实施投资的基本前

提是未来项目进入运营后收入端大于支出端，即项目能够产生净收益。项目收益由各类要素的成本（支出端）和市场的可获得性（收入端）决定，要素获取的成本低、质量好（比如，土地资源，项目选址地块价格低而位置好；人力资源，项目所在地工资水平低而劳动力素质高），潜在市场前景好，则预期收益高，实施投资可能性越大。以几个关键要素环节为例：

选址、购置土地（获得土地使用权）：资源越来越稀缺，政府有唯一决策权。

筹措资金：项目投资资金来源包括内部融资和外部融资，内部融资来自项目发起股东（企业）的自有资金，外部融资一般有吸收外部股东（投资公司、投资基金、其他企业等）的投资，银行贷款等方式。

获取行政许可：注册登记、项目立项、环评、消防等，政府相关部门有决策权。

市场销售：通过参与现有市场竞争实现，有时政府可通过发布规定等方式对市场竞争产生影响。比如，政府为鼓励到本地投资，将本地区公共产品的采购加以规范，甚至对外地竞争者产品进入本地市场设置隐性限制条件，以有利于投资者的新项目获得起始订单。

上述环节中，每个环节所涉及要素的成本及其可获得性取决于对要素分配有决策权的组织，以及有能力对这些组织施加影响力的相关利益方。归纳起来，对项目投资有影响力的主体主要有：企业（此处单指项目发起者，下同，严格来讲投资公司、中介机构也属于企业）、外部投资者（投资公司、投资基金，银行等金融机构）、政府及其相关部门、中介机构（会计师事务所、律师事务所、投资银行、投资咨询公司、资产评估机构等）。这些主体在项目投资中有着不同的诉求，对项目投资的要素分配有着不同的影响力（中介机构一般没有要素分配权，但能间接影响要素分配），相互之间既有合作又有博弈，但他们的宗旨有一致性，即希望项目投资交易达成，如图 2-13 所示。

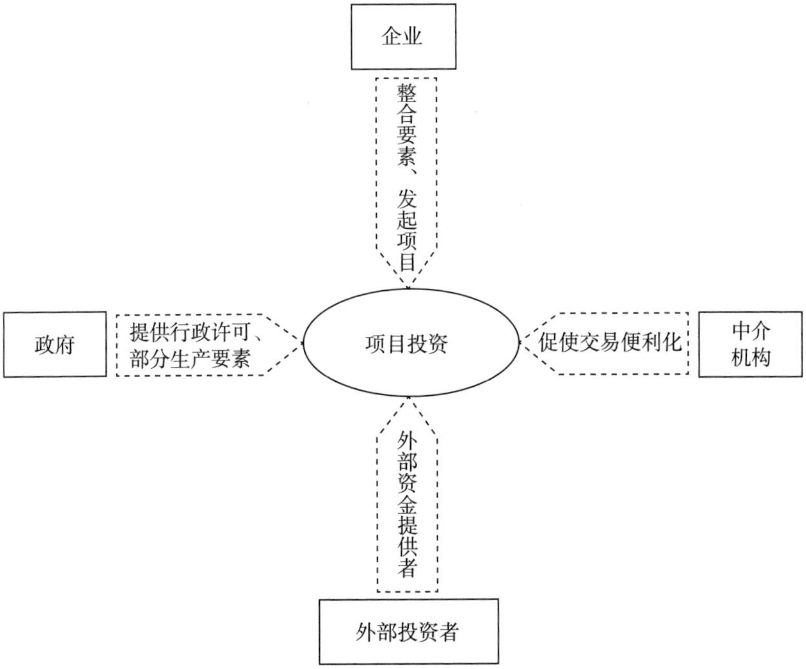

图 2-13　对项目投资有影响力的主体

项目投资是指对于投资者而言，如果投资者在运作项目时不仅使用自身资金，同时也吸收外部资金参与项目，则称之为项目融资，此时该投资者既是投资者也是融资者。项目投资中各参与方利益诉求不同，决定了其对项目投资的关注点不同、行为逻辑不同，在本节的架构下，我们在下一部分按各参与者分别讨论。

中 篇

微观经济范式

因为资源稀缺，人们必须做出选择。

——微观经济学原理

在微观经济活动中，人们的选择行为是有目的的，他们努力要用其有限的资源获得最大利益。

——最优化行为原理

任何一个经济实体，通俗地讲，必须能够挣钱，否则无法生存下去，失去存在的意义。实体成立之初就设计了挣钱的方式途径，称之为商业模式（非营利组织为背后的某个或某些组织从事工作，有固定的资金来源保证正常运行，广义讲也是一种商业模式）。以商业模式为宗旨，每一类经济实体都有自己的运行规则，即如何整合资源、选择有利要素，以获取自身收益。本篇从微观层面对产业投资参与主体的经济行为进行分析，了解他们的动机、运行规则、决策机制。

第三章 产业投资的载体和核心主体——企业

2023年6月27日至29日，第十四届夏季达沃斯论坛在中国天津举办，论坛的主题为“企业家精神：世界经济驱动力”。这个主题有着深刻含义，加快经济复苏，是当下全球面临的最紧迫挑战之一，经济复苏即为促进经济增长，如前所述，投资是拉动经济增长的直接有效手段，产业投资是投资中最具活力和溢出效应的部分，产业投资（项目投资）的核心力量是企业，企业发展便是经济增长的重要驱动力。而企业家精神作为企业的普世文化内涵，是企业发展的内在基因。

一、企业进行项目投资的动因

企业进入良性生产经营一定时期，随着自身资本积累增加，追逐利润是资本的天性，企业股东自然会考虑寻找新的投资机会，实现资本增值。趋于保守的股东可能选择金融投资中的稳健投资品种，各类理财产品、国债等，但多数企业的股东同时是企业的经营者（国有企业的股东是国有资产管理部门），这些经营者（企业家）在企业家精神支撑下继续驰骋在产业领域，选择进行项目投资。项目投资起因有以下几种情况：

扩大再生产：企业在现有领域经营良好，市场供不应求，为扩大生产规模、抢占市场，则对生产要素增加投资，如在原有厂址内对现有设备技术改造、购买新设备、原材料等，也多雇佣劳动力，实现生产规模增加。或者选址投资追加购置土地、设备等，进行新项目投资，扩大生产规模。为实现产品升级换代而增加投资也属于此类情况。

横向多元化：企业经营良好、在现有产品市场有良好基础，则可考虑在与原有产品市场相关的领域投资新项目、生产新产品。比如，企业汽车发动机生产厂投资新项目生产汽车控制系统，产品市场领域相同。

垂直多元化：企业经营良好、现有产品市场地位强、生产规模大，则可考虑沿现有产品上下游投资新项目、生产新产品。比如上述汽车发动机厂往上游投资新项目生产发动机缸体、机油泵，甚至往下游投资生产汽车整车。

混合多元化：企业经营良好、现有产品行业已经成熟，甚至行业前景看淡，但在其他行业前景好的领域挖掘，发现了市场机会，则可考虑进入该新领域，投资不同的设备、采用不同的技术来跨行业发展新产品。比如上述汽车发动机厂看到新能源领域前景广阔，投资新项目生产风电设备。

然而，企业经营过程中风险无处不在，宏观经济下行、行业系统性风险、经营管理突发事件等都有可能造成企业经营困难，这时候虽然企业不属于上述良性生产经营情况，但是有魄力的企业经营者也会沿着上述动因逻辑考虑新项目投资，以期扭转被动局面。

二、项目投资的酝酿与启动

企业具备扩张能力、有项目投资动因，一般都会列入股东会议题，经股东会通过后作为公司战略写入年度经营计划执行落实。企业投资发展部（或具有相关职能的部门）据此开展工作，寻找投资机会，企业经营者和（或）主要股东由于人脉广泛，也会关注外界投资机会。对于初步判断合适的项目，投资发展部制作初步项目建议书，提出项目框架性的总体设想，供内部进一步开展工作使用。此阶段的项目建议书比较简单，主要包括以下内容：

（1）项目背景。

（2）市场概况。

（3）产品及介绍、生产规模。

（4）土地、设备、技术、人力资源等主要要素需求状况。

（5）投资概算、是否计划外部融资。

（6）初步经济效益概算。

初步项目建议书经过企业决策机制（根据企业管理体制不同，可以是公司决策层领导、总经理办公会或者董事会）同意后，业务发展部门便启动项目选址、商务洽谈。

三、选址是项目投资的关键基础

选址就好比一个人的出生地是哪里，对其成长与发展至关重要。项目选址是项目投资过程中最重要的环节，企业投入大量资源进行选址比较，开始会有一个长名单，随着比较过程进行，名单会逐渐缩短，直至选 2 个到 3 个城市进行考察比较。越往后，选址考量的因素越细致，中观到微观，涉及方方面面，其核心是选择最适合项目成长的环境、最有利于项目经营的生产要素资源。以下是某知名汽车厂商拟投资新能源汽车项目，考察选址进入最后一轮时提出的选址问卷清单，实际中该清单包含 100 多个问题、200 多个子问题，备选城市做出的答卷超过 5 万字，现将清单问题整理归纳为以下几大类：

（1）城市概况：人口情况、地理位置、气候情况、自然条件。

（2）城市基本情况：高速公路、港口、机场情况，城市内交通道路情况，城市基础设施（水、电、暖供应情况等），商业等服务业发达程度，城市内高等院校情况，城市绿化率、空气清洁度、适合生活和居住情况。

（3）当地经济发展情况：产业发展规划、主要支柱产业、当地房价、人均收入等。

（4）预选地块情况：地块面积、价格，土地状况，位置及周边情况，电力、给排水等基础设施情况及价格，进出交通情况，土地指标、具备挂牌时间等情况，环保等级要求。

（5）新能源汽车产业发展情况和相关政策。

（6）本市汽车产业发展情况和汽车产业环境：电子信息、机械装备、橡胶轮胎、钢铁、汽车电子及其他与车相关的产业情况，汽车保有量，全市汽车厂家及生产车辆数，汽车零部件厂家，政府公务用车数量，供货商和服务商结构。

（7）人力资源及劳动力成本：劳动时间，劳动力市场结构（各行业就业人数），本地区潜在劳动力的教育培养条件，管理人员资源状况，专业技术人才状况，汽车及相关技术工人资源状况，本地区工资成本，员工居住及上下班交通，外籍员工服务配套情况（子女教育、医疗等），政府对于企业员工培训方面的资金支持政策。

（8）财税政策、行政事业收费项目、补贴/优惠、关税。

（9）融资环境：银行信贷、地方财政等融资能力。

（10）建筑审批流程及政策。

（11）政策与法规：国家政策，地方政策稳定性，政府管理水平、服务意识，是否符合地方经济发展规划，企业注册批准流程。

通过上述问题清单我们可以看到企业关注的几个重要方面：营商环境，问题（1）（2）（7）（10）（11）；产业生态，问题（3）（5）（6）；要素成本及质量，问题（4）（7）；潜在市场情况，问题（6）；商务环境，问题（8）（9）。

项目选址涉及内容繁多、工作量巨大，过程中还反复有大量商务谈判，涉及土地等要素价格、政府政策等，此环节主要是企业和政府间的合作与博弈。项目如果有外部投资者、中介机构参与，他们也会参与商务谈判。对于企业来讲，希望获取更好的发展环境、更优惠的政策；对于政府来讲，这就是招商引资，项目落地有利于地方经济发展，但也希望以更低的代价引进对地方经济贡献更大的项目。

项目选址环节是整个项目投资过程中最重要的部分，为下一步项目可行性研究报告或商业计划书的制定提供基础依据，其他生产要素的论证落实也与此密切关联。

四、项目的分析论证

项目选址的同时，企业团队对设备、技术、原材料等其他生产要素的可获得性进行考察论证，对潜在市场进行充分调研，甚至与下游客户签订框架合作协议或初始意向订单。在各要素信息不断完善的同时，企业团队会根据工作要求开展项目论证，介入企业决策机制，把握方向。分析论证项目的过程中，选址考察及其他各项要素的落实过程不断反复进行，两个过程相互影响。选址及要素条件影响项目论证的阶段性结果，项目论证的阶段性结果常常也要求选址及要素落实反复进行博弈。进入最终决策程序前，企业团队要形成正式项目建议书，或可行性研究报告，或商业计划书，提交决策层研究决策。可行性研究报告与商业计划书内容类似，略有不同，可行性研究报告是细化版的项目建议书，要从经济、技术、生产、供应、市场直到环境保护、社会责任等各种因素进行具体调查、研究、分析。项目不同，可行性研究报告内容和侧重点不同，一般主要包括下述内容：

（1）项目背景、企业基本情况。

（2）市场情况、行业竞争者情况。

（3）项目选址情况。

（4）设备、技术、原材料供应等。

（5）组织架构及人力资源。

（6）项目建设进度安排。

（7）环境保护、安全、消防。

（8）投资概算及资金筹措。

（9）经济效益分析。

（10）有关附件。

可行性研究报告一般用于内部论证项目，有时也用来向政府申请审批核准或向银行申请贷款。项目对外融资尤其是股权融资时，使用商业计划书的情况比较多。与可行性研究报告比较，商业计划书更注重商业模式的论证，通俗地讲，就是向投资者展示项目如何能够挣钱。除了可行性研究报告的基本内容外，商业计划书在项目产品市场分析、项目本身的核心竞争力、核心经营团队、经济效益分析等内容上更加侧重，意在告诉外部投资者项目实现收益的确定性。商业计划书也可作为企业内部管理工具，用来在组织中明确一致的行动目标，跟踪、检查、督促计划的执行。商业计划书基本结构如下：

（1）封面——名称、标识、地址、日期……

（2）执行概要（关键部分，类似于归纳总结，最后撰写）。

（3）企业——企业描述、产品或服务、企业历史沿革、经营地址。

（4）市场、竞争分析与营销（重点部分）。

（5）管理团队（外部投资者重点评价的部分）。

（6）生产与经营。

（7）财务计划（财务报表、财务指标与分析、估值）。

（8）其他重要数据——时间进度、潜在风险。

（9）支持性文件——市场研究、合作协议、高管简历、组织架构图等。

可行性研究报告及商业计划书是项目投资前期工作中的一项重要文件，在项目立项、节能评估、环境影响评价、银行贷款、外部股权融资等多项工作中作用重大，上述文件所涵盖的专业领域广且制作过程需要大量专业知识与经验，所以多数项目会聘请第三方专业咨询机构来完成。有经验有实力的专业咨询机构公司能够通过专业化分析，评估企业（项目）拥有的核心资源与竞争力，把本企业的内在价值充分挖掘出来。由于可行性研究报告与商业计划书的用途差异，一般可行性研究报告会聘请研究机构制作，商业计划书常常会聘请投资咨询机构制作。在目前市场中，咨询机构众多、优劣混杂、价格高低各异，需要慎重选择专业、可靠、性价比高的咨询机构。无论哪种情况，企业需要有团队高度参与文件制作过程，以利于项目整体推进、决策及未来执行，第三方机构只是专业组织，提供专业服务，通常不对执行效果负责。由于实际工作中使用商业计划书的情况较多，本书下篇第十章有制作商业计划书案例介绍。

分析论证最重要的部分是项目评价，用一系列综合反映投资收益、投入产出关系的量化指标来衡量项目，这些指标一般有投资回收期、投资回报率（也称收益率）、净现值、内部收益率（也称内部报酬率）等。简单来说，投资回收期即为收回全部投资所需要的时间；投资回报率为年利润或年均利润/投资总额×100%；净现值是项目未来预期净现金流量按一定贴现率（实践中，一般以投资项目的资本成本或投资者要求的报酬率作为贴现率）折算为现值、减去初始投资额或多期投资额的贴现值，净现值为正值的项目才能接受；内部收益率是计算项目净现值为零时得到的贴现率。本书第六章“引进项目的评价”中对投资回收期和净现值有所介绍，第十章商业计划书中“HT公司价值评估”部分有针对案例的资本成本（贴现率）和现金流贴现的计算。

五、资金筹措

资金来源总是核心问题，项目投资首先需要企业具有综合实力，其中包括最重要的资金实力，即企业需要有自有资金，自有资金来自企业经营过程中的资本积累。有盈利的企业其年度股东会都会决定是否进行年度分红、分红比例，盈利中没有分红的部分则在企业以盈余公积的形式留存，形成资本积累。企业进行项目投资除了运用自有资金外，还常常向外部融资，此时对外部投资者来讲即为项目投资。

1. 企业外部融资的动因

（1）项目投资额大，超出企业现有自身资金实力，需要借助外部资金来完成项目。

（2）企业自有资金可以满足项目投资需求，但考虑到一旦项目论证中预测的风险因素发生，亏损可能超出企业对风险的容忍程度，为分散项目投资的风险，需吸收部分外部投资共担风险、共享收益。

（3）外部资金背后（资金拥有者）通常伴随着一定的资源（人脉、产业经验、团队等），这些资金如果成为项目的股权资金，资金拥有者就成为项目的股东，在项目推进及将来投入运营后，考虑到项目的共同利益，股东自然会投入自己的无形资源支持项目发展。为了利用外部资源，企业会选择性地吸收部分外部资金。实际中，比如，企业吸收上游企业参与项目投资，目的是稳固供应链体系，使项目生产要素成本降低；企业吸收下游企业参与项目投资，目的是项目市场可获得性增强；企业吸收同类企业参与，是为了增强技术实力，吸取行业经验；企业吸收人脉资源较广的投资者参与，可以使政府关系协调更加便利；等等。

（4）项目预计运营良好，资金利用效率高，盈利能力强，亦即股东投资回报率高，而此时外部融资成本相对低，企业也会考虑外部融资（此时多为债权融资），使项目形成合理的资本结构，体现在项目投产运营后其资产负债表结构合理，股东的股权资本收益最大化。比如，项目经营效益好，投资回报率能达到 15%，而外部融资成本只有 8%（债权融资成本一般都是固定的），此时利用一部分外部债权投资，减少股东股权投资额，外部投资在项目中同样创造 15%的收益，只需支付 8%的成本，剩余收益便提升了股东的回报率。

2. 外部融资的方式及对象

按外部资金在项目中是否形成股权分为两大类，股权融资和债权融资。股权融资是指企业用项目中的所有权对外融资，外部资金提供者拥有项目中的部分所有权。股权融资的对象一般有专业投资公司、投资基金，也有其他实体企业或自然人。债权融资是指企业通过借钱的方式为项目实施筹措资金，通常称之为项目融资或项目筹资，债权融资方式有很多种，发行债券、项目贷款、BOT、TOT、PPP 等，资金提供者不拥有项目股权。债权融资对象一般为银行及各类非银行金融机构（融资租赁公司、贷款公司等），也有各类经济实体。项目外部融资在企业项目投资中常见且重要，资金来源不同、背景不同，对项目运营、回报率等的要求不同，企业外部融资时要根据自身需求，对资金背景、融资条件进行综合考量。融资条件的约定是企业与外部投资者重点商谈内容，债权融资的融资条件相对简单，主要是资金价格（利率）和偿还期限；股权融资的融资条件主要涉及股权的比例、外部投资者参与公司治理的程度；等等。股权的比例指的是投资者投入资金在项目中占的股份比例，参与公司治理主要指项目中董事会成员比例分配，总经理、财务总监等高管的推荐委派等。在本章节讨论的新项目投资中，股权比例、公司治理安排相对简单，一般以按照出资比例分配为原则进行商谈，在第四章手机项目吸收外部投资者协议中有相关内容。对已有（正在生产经营中）企业的投资，由于涉及估值问题，股权比例确定相对复杂一些，本书第九章及第十章有关于股权比例及公司治理安排的实际案例。

3. 外部融资的渠道

（1）通过行业内现有人脉渠道引荐。比如，业内有熟悉的企业有过成功的融资先例，请他们帮助引荐，更重要的是听听他们介绍融资过程的经验。另外，企业一般都有为其服务的律师事务所、会计师事务所等中介机构，他们与投资圈比较熟悉，可以帮助引荐。有引荐人一定程度的背书，可以大大降低投资者与企业沟通的信用成本，引荐方式效率较高。

（2）委托融资中介机构。比如，投资咨询公司，他们熟悉投资圈情况，富有融资经验，了解企业情况后，中介对接效率高。另外，好的中介机构也可以为企业挖掘融资亮点，制作商业计划书，提高融资效率和质量（比如有利的融资条件）。需要注意的是，市场上中介机构良莠不齐，企业委托中介机构时要注意对其背景、过往融资成功案例等进行调查了解。

（3）投资行业大多数时间窗是“资产荒”，即投资者手里充斥着资金，更需要寻找优质项目。企业融资团队可以有针对性地参加政府部门、行业协会、银行等金融机构组织的各类招商活动、行业会议、投融资对接会等，加深对投资圈的了解，积累人脉资源，主动推介自己的项目。

总之，企业在项目投资中，在综合考虑自身资源及资金实力的基础上，要通过吸收外部投资者整合资金及其他要素资源，提高项目收益、降低要素获得成本，从而实现股东利益最大化。

资金筹措与项目论证密切相关，也是项目论证的一部分，两者往往同时进行，有时甚至在项目酝酿、选址阶段就有潜在外部投资者参与。

六、项目决策、决策机制与决策者

项目投资决策机制每个企业有所不同，根据投资的性质及投资额大小，最终决策权有的是股东会、有的是董事会，还有的是经授权的决策层，一般由公司章程规定。公司章程的制定要符合国家法律法规，比如，《公司法》第十六条规定，公司向其他企业投资或者为他人提供担保，依照公司章程的规定，由董事会或者股东会、股东大会决议；公司章程对投资或者担保的总额及单项投资或者担保的数额有限额规定的，不得超过规定的限额。《上市公司章程指引》规定，公司在一年内购买、出售重大资产或者担保金额超过公司最近一期经审计总资产百分之三十的，须经股东大会以特别决议通过①。

实践中，项目决策与企业的公司治理水平密切相关，公司治理比较规范，决策机制运行就会比较好。另外，项目决策还直接取决于决策者的风格，即他是理性决策者还是感性决策者，前者更看重项目的前期论证工作，讲究科学决策，后者更看重自己经验判断，讲究直觉决策。当然科学决策也是人做出的，不可能丝毫没有感情色彩；直觉决策貌似是决策者凭感觉做出（这种情况尤其存在于第一代创业企业家中），其实直觉来自其经验的积累与总结，也是以论证为事实基础，绝然不会忽视项目考察论证。两种决策风格不是绝

---

① 股东大会决议分为普通决议和特别决议。股东大会作出普通决议，应当由出席股东大会的股东所持表决权的过半数通过。股东大会作出特别决议，应当由出席股东大会的股东所持表决权的三分之二以上通过。

然区分，实际中大多是混合型的，只不过是哪种成分多少而已。这就是为什么项目的利益相关者都非常关注企业的决策机制，极力探究谁是关键人物，想搞清楚哪件事谁说了算。政府招商引资中有个说法，“多大领导招多大商”，指的是级别高的领导能够对等企业高级别决策者进行沟通，双方决策权在同一量级，容易实现项目决策高效均衡。

项目投资决策后进入实施阶段，不属于本书研究范畴，就不对此深入论述了。

七、基于现有企业的融资

除上述讨论的企业进行新项目投资外，另一种常见的情况是，现有企业进行股权融资，吸收外部资金。新项目投资意味着设立了新的实体法人，而现有企业股权融资只是股东发生了变化但原法人实体不变。外部进入的资金去向可分为三种情况：第一种是资金流向原股东，这属于股权转让，企业资金没有增加，总股本没有发生变化；第二种是资金流向企业，称为增资并购，企业资金增加，总股本也增加；第三种是资金部分流向原股东，部分流向企业。现有企业吸收的增量资金一般也会和上新项目一样，用于购买生产要素扩大再生产，宏观上同样对经济增长直接起到拉动作用。

现有企业股权融资的动因：

（1）企业扩大再生产或者多元化发展时，不是通过直接投资新项目的方式进行，而是在原有生产地址进行，没有新设法人，此时吸收的外部股权投资进入该企业形成股权。或者，现有企业吸收外部投资后再以该企业名义另行投资新项目，新项目是原企业的全资子公司，而与外部投资者没有直接股权关系（常常外部投资者偏好这种方式，因为现有企业经营良好，获取投资收益的确定性高，新项目相对周期长、风险大）。

（2）现有企业进行股份制改造时，为了保持股权清晰、解决关联交易等问题而引入外部投资者改善股权结构；或者公开发行上市前，为了提升企业整体形象、提高上市融资效果而引入有影响力的战略投资者。

（3）改善资产负债表结构。吸收外部股权资金增强资本金实力，降低负债率，从而使企业在良好的财务状况下开展生产经营，提高抵御不测风险的能力。

现有企业股权融资的关键是股权定价问题（即企业估值），定价多少直接与一定量外部资金占股权比例有关，股权比例又直接与相应股东参与公司治理的程度、股东分红比例有关。关于企业估值我们在下一章中有进一步讨论。

八、跨国公司与全球产业资本流动

从全球视野看产业投资，跨国公司降低成本、追逐利润是产业资本流动的驱动力量。18 世纪 60 年代始发于英国的工业革命，使英国成为“世界工厂”，促进了世界各地经济联系，加速了世界市场的形成。同时，大机器工业造就的生产社会化程度提高以及资本积累的增加，为跨国公司的产生与扩张提供了经济基础。第一次全球产业转移产生于 18 世纪末至 19 世纪上半叶，由于英国本土企业快速扩张，造成资源竞争激烈，成本上升，而彼时的美国作为一个新兴国家，有良好的自然和资源条件，遂成为英国产业输出的主要目的地，迅速发展为世界制造中心；二战结束后的20世纪50年代，美国将钢铁、纺织等传统产业通过跨国公司对外直接投资向日本、西德等国家转移，推动了当地工业化，此时“日本制造”畅销全球；20世纪六七十年代，发达国家加快产业升级步伐，将劳动密集型产业转向劳动力成本较低的亚洲地区，以亚洲四小龙（韩国、新加坡、中国香港地区和中国台湾地区）为代表的经济体迅速兴起；20世纪80年代，中国进入改革开放时期后，基于中国庞大的市场、丰富廉价的生产要素资源，全球生产活动大规模向中国转移，中国制造业快速发展，迄今逐渐形成了门类齐全的工业体系，拥有了世界上规模最大的制造业；进入21世纪以来，信息技术革命催生了跨国公司产业模块化发展，促进了其全球生产网络布局（全球价值链、产业链）的形成，推动了国际生产分工，国际产业转移规模快速增长。

快速、大规模的国际产业转移带来输出国产业空心化现象，近年来，以美国为代表的发达国家提出了“制造业回流”的口号，鼓励跨国公司回流其制造业务、重组全球供应链，甚至以国家安全为理由，动用国家力量与被投资国（主要是中国）进行“脱钩”“断链”，逆全球化一度甚嚣尘上。但从历史的发展规律看，这股逆流可以看作是对产业转移过快的一种修正，不会根本改变全球化趋势。正如本篇开头微观经济学最优化行为原理所揭示的，跨国公司追求利益最大化的宗旨不会变，为此，其必然要而且必然会在全球范围内寻求最优要素资源配置。

改革开放以来，我国从1980年5月1日第一家外商投资企业——北京航空食品公司正式成立开始，到2022年底，共有外商投资企业接近70万家，2022年度实际利用外商直接投资金额1891亿美元①。图3-1是近20年我国

① 数据及图3-1均来自国家统计局网站。

利用外资走势，从数据统计角度，其中实际利用外资额可视为间接投资额，实际利用外商直接投资额可视为产业投资额。

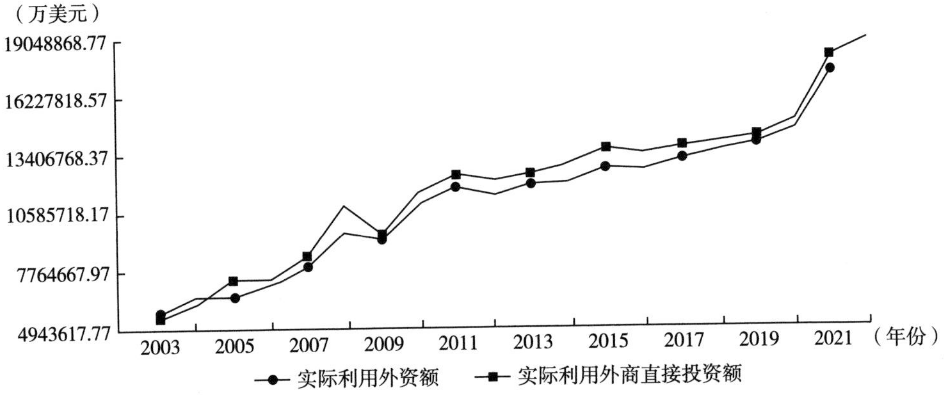

图 3-1　2003~2022 年我国实际利用外资发展趋势

外商直接投资对我国的经济贡献是显著的，不仅上述直接投资拉动经济增长，作为“三驾马车”之一的净出口，外商投资企业作用更加突出，根据国家统计局公布的数据，2022 年我国货物净出口 8776 亿美元，其中，外商投资企业 1703 亿美元，这些不足全国企业总数 3% 的外商投资企业占比 19.4%。

跨国公司产业投资的底层逻辑与本土企业类似，在本章前面的内容中已进行了无差别讨论，实际项目操作中有以下不同之处：一是由于文化差异导致管理分歧等原因，项目投资方式逐渐以独资为主，与本土企业股权合作模式占比越来越小；二是项目投资动因中，我国市场吸引力是跨国投资的首要考量因素，生产要素成本低廉退居次要考量因素；三是项目选址前期经常会聘请第三方中介机构，欧美国家公司尤其如此；四是相对本土企业，项目决策周期较长。

第四章
资本流动与优化配置的加速器
——投资机构

一、投资机构的分类与特点

参与项目投资的投资者大致可分为以下几类，其特点及参与方式有所不同。

企业：这里指项目发起人之外的企业，其主营业务是在其行业内生产销售产品或提供服务，根据公司法及自身公司章程规定可以以自有资金对外投资。参与方式有：一是如前述直接是项目发起人；二是作为外部投资者参与其他企业发起的项目；三是将自有资金成立投资公司，该投资公司作为独立法人，将对外投资作为自身主营业务；四是以自有资金参与投资基金，由投资基金开展对外投资活动。

居民：以自然人身份直接参与项目投资，或者以自有资金参与投资基金、资管计划等委托投资。

政府：借助政府投融资平台或设立产业引导基金参与项目投资，政府参与的主要目的是发展地方产业。

私募股权投资基金：以非公开方式向机构或者个人募集资金成立的投资机构，主要投资非上市公司股权或上市公司非公开交易股权，以获取投资收益为主要目的，一般不直接参与产业运营。

投资公司：顾名思义，投资公司是由企业、机构或个人按公司法发起设立的、以对外投资作为主营业务的独立法人。

风险投资公司：风险投资公司也称为创业投资公司，主要专注于对种子期或成长初期企业的投资，且多为高新技术企业。这类初创期企业失败风险大，但项目培育成功的话往往会有十几倍或几十倍的投资回报。因此，风险投资公司选择项目时会重点关注创业团队以及项目是否具有很好的发展前景。

银行：银行等金融机构一般是在项目投产后，以提供流动资金贷款的形式出现，但也有在项目投资初期以提供项目贷款的方式参与项目投资，这时我们也把它列为外部投资者。与前面的投资方式不同，项目贷款属于债权投资，而前面几类都属于股权投资。

上述投资者中，各类投资公司（投资基金）投资目的就是实现资本增值，其特点是没有产业运营经验但拥有一定的社会资源，在项目经营中这些资源能提供增值服务，比如，协调政府关系、重要岗位人力资源猎聘、获取某市场机会等。其投资在项目中占有小股份（通常不超过30%），不参与经营管理，参与董事会，很多时候会委派财务总监。投资一段时期后（一般为5~7年）谋求股权退出，获取收益。这类不参与产业项目具体运营，旨在获取财务回报的股权投资者我们统称为财务投资者。与之相对应的是产业投资者，一般为同行业或相近行业的企业，在投资项目中通常谋求控股，参与董事会，参与经营管理。他们选择项目时，重点关注项目的市场地位、渠道、设备、技术、人力资源等要素。

实际投资领域中，私募股权投资基金是最活跃、最常见的投资者，市场上经常会流行一些关于他们的投资神话，比如某某项投资，获取了多少倍的巨额回报，加剧了这类投资机构的传播。本章以私募股权基金作为代表，介绍和分析外部投资者开展项目投资的行为特点，另外，银行的项目贷款属于债权投资类型，单独做介绍。

二、私募股权投资基金

私募指的是基金募集方式，私募基金只向特定范围的机构或个人募集，一般都是有实力的机构和高净值人群，投资资金门槛较高；公募基金则向公众投资者公开发行，通常通过证券公司、银行等渠道进行销售，并在证券交易所上市流通，投资资金门槛较低。根据投向不同，私募基金又分为以股权投资为主的私募股权投资基金、以证券投资为主的私募证券投资基金以及其他类型。因此，我们重点研究私募股权投资基金的运作。①

1. 基金的组织形式

私募股权投资基金有三种常见的组织形式：有限合伙制、公司制和契约型。有限合伙制，出资者是有限合伙人，将资金交给基金管理者管理，以其出资额为限承担有限责任，基金管理者是普通合伙人，承担无限责任；公司

---

① 广义上讲，创业投资基金也算是私募股权投资基金，两者的运作方式类同，只是投资阶段不同，前者主要投资于种子期、初创期的项目，后者主要投资于成长期、成熟期的项目；各类投资公司也可算是私募股权投资基金，只是两者的组织形式不同而已，见正文“基金的组织形式”。

制，出资人作为股东出资成立投资公司（通常是有限责任公司），以其出资额承担有限责任；契约型：出资者为委托人，基金管理者为受托人，出资者与基金管理者签订基金合同，出资者与基金管理者按合同约定履行权利与义务，与前述两种不同，契约型基金不是独立法人，不具备独立的法律资格。

三种类型中，合伙制基金最常见，占比最高，总规模和数量都占80%以上。公司制基金（投资公司）数量最少，但基金平均规模最大，意味着投资能力较强。

2. 基金的募集与设立

根据中国证券投资基金业协会网站信息，截至2021年末，我国存续的私募股权投资基金（含创业投资基金）规模为13.14万亿元。从出资来源结构看，以2021年为例，当年新备案私募股权及创业投资基金投资者出资金额合计1.2万亿元，其中，国有控股企业、政府类引导基金、财政直接出资等合计4498亿元，占比37.4%；其他控股类型企业出资2711亿元，占比22.5%；各类金融产品出资2804亿元，占比23.3%；居民出资1935亿元，占比16.1%；境外主体出资94亿元，占比0.8%，出资来源也就是基金募集的渠道。资金来源对基金的设立、运作、投资方向、投资理念等都有较大影响，对于合伙制基金，这些相关内容都体现在合伙协议中；公司制基金，则体现在公司章程中；契约型基金，则体现在委托合同中。以下摘自某市政府投资基金管理办法，可见政府资金对基金投资的要求：

……

第四条　政府投资基金应当遵循以下基本原则：

一、坚持政府引导。以政策效果为首要目标，兼顾投资收益，实行合理的收益分配、利益让渡等机制。

二、服务地方产业。坚持落实国家战略、贯彻市委市政府决策部署、支持重要领域发展、重点服务全市产业发展的政策导向，避免片面追求投资收益或对社会投资产生挤出效应。

三、市场化运作专业化管理。遵循市场规则，选取合格的基金管理人对基金实行专业化管理，按市场化方式独立运行基金，依据基金合同、公司章程或者合伙协议约定进行投资、管理及退出。

……

第十六条 政府投资基金对本市的返投比例原则上不低于1.2倍。以下情形之一可作为返投认定：(1) 基金投资于注册在本市的企业；(2) 基金投资于市外企业，将市外企业优质项目引入注册经营；(3) 基金投资于市外企业，该企业于基金投资期内在本市设立负责重要生产经营或研发的全资子公司或控股子公司（按控股比例折算为市内投资额）。

……

第三十条 为更好发挥政策导向功能，引导基金可通过适当让利方式，鼓励参股基金投资于政府主导的投资期长、风险性高、收益率低的项目。

第三十一条 为加大对境内外头部投资机构招引力度，吸引资本、项目、人才等高端创新要素聚集，除参股基金管理机构按照委托协议获取固定比例超额收益外，引导基金可以获分配的投资收益的一定比例为限对参股基金管理机构实施额外奖励。

……

从以上投资方向、返投比例等条款可以明显看出，政府参与基金的主要目的就是发展地方产业，为此可以让渡部分收益权。这些对基金产业及地域投向、管理人选择、收益分配等重要事项的明确规范，在具体基金向政府募集资金时会体现在基金合伙协议或公司章程中。

基金募集完成并签署有关文件后，接下来就正式成立并开始运作，运作的第一步就是寻找合适的项目。

3. 项目的来源及初步研判

正像前章所述项目寻找投资者一样，基金也在寻找投资项目，两者互寻的方式、渠道颇有类似之处。

（1）有经验的基金管理人在投资领域从业多年后，积累了一定的人脉资源，比如已经投资过项目的高管团队，他们在自身或相关行业内有资源，可以引荐项目。基金的有限合伙人多数来自行业内，也可引荐项目。

（2）基金运营过程中，与会计师事务所、律师事务所、评估机构、证券公司等中介机构有较多业务往来，可密切沟通，获取项目资源。

（3）市场上的投资咨询公司等中介机构，专门研究项目信息，他们也会有针对性地推荐项目。

（4）有实力的基金有专门的行业研究部门，借助研究力量可以自上而下地捕捉行业信息，把握行业动向，挖掘潜在项目资源。

（5）与政府行业主管部门、招商引资部门、行业协会等建立联系，获取项目信息，参加他们组织的各类招商活动、行业会议、投融资对接会等，积累产业资源。

（6）加强自身宣传，比如在论坛、会议等活动中做主题演讲，介绍本基金的投资特点，展示基金管理团队的专业水平。随着信誉积累，项目资源自然会多起来，也会降低与项目资源的沟通成本。

基金管理人（投资经理）在获取项目信息的时候，就需要对项目同步进行初步研判，项目信息通常体现为商业计划书、可行性研究报告或项目建议书等资料。初步研判往往重点关注三个大的方面：一是行业，是否符合本基金的投资方向、细分行业前景如何、项目现有技术或产品的核心竞争力等；二是管理团队，所谓“投资就是投人”，团队尤其是带头人过往经历、经营管理能力、品德、是否有企业家精神等；三是财务状况及盈利能力，主要基于过往财务报表、预测财务报表及其他财务信息来分析判断。财务报表分析是投资经理的一项必备能力，需要丰富的财务会计知识加上对企业管理及经营业务的了解，本书第十章有简要介绍。

4. 尽职调查与价值评估

对于有意向的项目，基金在通过对目标项目的初审后，一般会和融资方签订保密协议，出具投资意向函，在此基础上，准备展开尽职调查。由于融资方和投资方对拟投资标的的信息不对称总是客观存在，融资方总比投资方更了解标的的情况，可能会有意无意地掩饰瑕疵、夸大优势，尽职调查便是基金深入了解项目必备的重要步骤，其主要目的是评估潜在交易风险、评估目标项目的价值。财务投资者进行项目投资时着重论证的是财务回报，尽职调查，定价是关键，对于新项目投资，尽职调查相对简单，有时候甚至没有尽职调查环节和评估环节，依据项目可行性研究报告就够了。但更常见的是对既有企业的投资，基金管理人要动用相当的人力与财力做尽职调查。调查主要包括财务尽职调查和法律尽职调查两方面，通常情况下，基金委托会计师事务所、律师事务所等第三方专业机构来进行。专业机构进场前，基金首先会向目标项目管理层递交一份尽职调查文件及要求的资料清单，以下是某私募投资基金拟投资一家机械制造行业企业时的清单主要内容：

公司基本情况（历史沿革、股权变化、股东结构、组织结构等）；

公司业务情况（产品、生产经营、供应商、客户、大额订单、合同等）；

公司核心技术和知识产权；

公司运营情况（商业模式、业务开发、销售流程及周期）；

行业情况（行业市场环境、规模、进入壁垒、竞争状况、利润水平、发展前景、竞争对手情况等）；

公司固定资产情况（土地使用权和房产、建筑物产权的清单及支持文件、关键设备清单及担保情况）；

公司融资/借贷/担保/履约保证等情况；

关联交易和同业竞争（持有公司5%以上股权的股东、公司董事、监事、高级管理人员及该等人员投资设立、直接或间接控制的企业与公司之间签署的任何合同、协议或达成任何交易的情况）；

员工与劳动人事（公司员工总体情况、公司高管和核心员工的简历、与公司签署的劳动合同等协议、股权激励情况等）；

财务和税务（财务报表、审计报告、或有债务、税务结构及纳税情况）；

行政监管（安全生产、产品质量、技术监督、公安消防、劳动保障部门关于公司有关行政文件）；

重大诉讼、仲裁和行政处罚文件及违约事件（如有）；

募投项目情况（募投项目介绍、可行性报告）；

公司需要说明的其他问题。

通过上述简化的清单内容就可以看到，尽职调查的内容复杂、过程耗时长，会有各种各样问题出现，投融资双方要进行大量沟通交流。对于经尽职调查发现的潜在风险，基金会通过交易架构设计、投资合同条款、补救措施来进行处理，严重的潜在风险则可能导致交易终止。基于尽职调查的信息，基金委托评估机构进行价值评估，评估结果是交易价格商谈的重要依据，但往往不会是确切的交易价格，交易价格还会受交易条件、交易架构、对前景的判断、对风险的认知、国家和地方的政策等因素的影响。当然也与交易双方讨价还价能力密切相关，这是一个充分的博弈过程。有时融资方也会委托第三方单独进行评估，同样作为交易商谈的依据。但更多的情况是基金委托的评估机构经双方认可，融资方不再单独进行评估。

评估方法对评估价值影响颇大，一般来讲，拟使用的评估方法在评估进行前要经过投融资双方认可。目前，流行的评估方法有以下几种：

重置成本法：基于项目的账面资产，在现实条件下重新购置全新状态的该类资产所需的全部成本减去各种贬值后，差额部分就是待评估资产价值。该方法的优点是基于现有资产进行核算，直观明了。缺点是有的资产如无形资产不适合用重置成本法计算，另外，融资项目若为正在运营的企业，其现有的价值创造能力没有考虑进去。

市盈率法和市销率法：市盈率等于公司市值除以年度净收益，选取二级市场相近公司（行业、产品、规模、成长阶段等方面越相近越好）计算其平均市盈率，以此为基础，考虑一级市场（此阶段属于一级市场融资）流动性折扣及项目盈利前景，对市盈率进行修正，得出估值市盈率，市盈率乘以项目年度净利润即为项目估值。有时对于高科技项目尤其是处于成长阶段的项目，由于其尚未开始有盈利，可采取市销率法进行估值，市销率等于公司市值除以年营业收入，用上述同样办法估算出拟投资项目的市销率，乘以项目营业收入，即可得出项目估值。上述两种方法也称为对比法，优点是简单、快捷，缺点是没有任何两家公司的经营活动是一模一样的，也就是只能尽可能选择相近的可比公司，有时差别比较大。

贴现现金流量法（Discounting Cash Flow）：贴现现金流量法是价值评估的最常用的基本方法。前期投融资双方很多信息资料沟通，都构成该评估方法的基本计算依据。贴现现金流量法的基本步骤是：确定项目未来收益的预测期限、预测这些年度的自由现金流；确定资本成本（贴现率）；确定终值；贴现汇总计算项目估值。

（1）项目未来收益的预测期限通常选定5~10年，期限长短根据项目所在行业、发展阶段不同而不同，一般要足以跨越一个商业周期或者经济周期，项目实现进行之中或者计划之中的经营战略与措施。此后，项目预计稳定经营、财务绩效（现金流）预测达到稳定值，预测年限后项目的价值称为终值或持续价值，另行计算。

自由现金流=息税前利润-所得税+折旧与摊销-资本性支出-流动资金净增加额。预测年度现金流需要基于大量假设，这些假设不是凭空臆想出来的，评估者要对项目及其所处的行业进行深刻了解，依据过往年度的财务数据、尽职调查的资料信息，综合判断行业增长率、自身销售增长率、盈利能力以及自由现金流产生能力。自由现金流计算涉及大量专业财务知识，有兴趣的读者可另行深入研究。

（2）确定资本成本的方法有很多，一般采用加权平均资本成本法，即对项目的资本结构进行分析（债务和股东股本的比率），分别计算债务成本和股权成本，然后加权平均得出项目的资本成本（WACC）。债务成本计算相对简单，对于只有银行贷款的企业来说，用综合借贷成本乘以（1-所得税率）即可；股权成本估算通常用资本资产定价模型，但计算较为复杂，有时也采用股利增长模型。

（3）终值的计算基于项目在预测期后进入稳定经营状态并永续经营。终值=预测期后第一年的自由现金流量/（WACC-g），其中g为未来持续稳定经营时的自由现金流的预测增长率。终值对评估值影响很大，占项目总评估值的大部分。因此，除预测此时的自由现金流量外，增长率的预测也非常重要。

稳定经营期的增长率预测为一个恒定值，长远来看，到达成熟期时整个行业的增长率应该与GDP增长率持平，因此项目增长率预测一般不超过GDP增长率。

（4）用确定的资本成本作为贴现率，将预测的每年度自由现金流及终值贴现后加总，得出项目估值。

贴现现金流量法的优点是分析了一个项目的整体情况，自由现金流、资本成本、终值的预测过程中，既基于历史财务数据，又考虑到了行业发展、项目公司经营战略、管理层的管理水平和经验，最大限度展现项目未来采购、生产及销售等各个业务环节的状况，是理论上最完善的估值方法。该方法的缺点是复杂、工作量大，对评估人员的专业水平、职业素养（要求尽可能客观，避免主观臆断）要求高。另外，该方法依靠大量对市场走势和项目发展速度的假设和判断，任何对未来的预测都不可能做到精准，因而估值结果也只是具有相对意义，但比起其他评估方法更客观、更贴近项目本身实际情况。

所谓“投资就是投未来”，企业价值的真髓还是它未来盈利的能力，贴现现金流量法估值核心就是以预测未来盈利为底层逻辑，这与项目初步研判、尽职调查的核心是一致的。优秀的投资基金从业人员也是在大量的贴现现金流量法评估实践中养成了项目判断底层逻辑，回过头来又应用于项目甄选及初步研判，由此循环往复，演化出自己的投资风格，成为投资家。贴现现金流量法估值需要一定的财务和管理知识作基础，本书第十章HT公司商业计划书中有针对实例估值，读者可结合阅读，便于理解。

实际中，评估机构往往采用两种评估方法进行估值，将结果互相验证，以求尽可能客观公正。

5. 投资协议、投资决策

尽职调查与估值完成后，投融资双方会就投资协议内容反复磋商。作为财务投资者，基金关注的核心问题是尽可能降低投资风险、获取预期的收益，而基金又不参与日常经营管理，那如何保证预期收益的确定性？为此，投资协议中经常会设置对赌条款，对赌条款又称为估值调整条款。由于估值是根据项目当时经营状况以及对未来经营业绩的预测而定，为了保证投资价值的兑现，基金与融资方会约定估值调整条款，如果项目实际经营业绩低于预测值，融资方需拿出一部分股份来补偿基金因项目价值降低而遭受的损失；反之，如果业绩高于预测值，基金需拿出一定比例股份奖励管理层。对赌条款是投资协议的重要部分，它既可以在一定程度上保护基金的利益，又可以激励管理层努力经营。

按基金投资的资金流向，投资方式分为三种，一是增资扩股，即基金的资金全部直接进入项目，项目股本增加；二是资金流向项目原股东，原股东将其股权转让相应部分给基金，即基金购买原股东股权；三是混合方式，即资金一部分增资进入项目，一部分购买原股东股权。

以下是某基金投资智能手机项目的投资协议，该项目为某经济技术开发区招商引资项目，由上海某科技公司在该开发区投资兴办，招商引资协议约定，项目公司成立后，由开发区管委会以招商引资配套基金向项目公司投资。该案例属于政府背景基金对新项目以增资方式投资，投资协议基本原貌呈现，以了解基金的实际运作，不作为范本使用。

投资协议

本协议由以下各方于××××年××月××日在×××经济技术开发区签署。

甲方/投资方：×××股权投资基金合伙企业

乙方/原股东：×××科技（上海）有限公司

丙方/标的公司：×××电子科技有限公司

1. 本项目依据×××经济技术开发区管委会（以下简称开发区管委会）与×××科技（上海）有限公司（乙方/原股东）签订的《×××科技××市基地项目投资合同》（以下简称投资项目合同）约定，乙方已经于××××年××月××日成立标的公司，甲方作为政府招商引资配置基金向标的公司投资人民币6000万元，兑现开发区管委会在投资项目合同中的相关优惠政策。

2. 标的公司为一家依照中国法律设立并有效存续的有限公司，注册资本为9000万元；其中×××科技（上海）有限公司认缴出资9000万元，占注册资本的100%。

3. 标的公司通过增资扩股方式引入甲方投资。

各方经友好协商，就本次增资事宜商定如下条款，共同遵照执行。

第1条　定义及释义（略）

第2条　投资的目的及投资方式

2.1　本次投资目的系为引导扶持标的公司在××经济开发区建设智能手机制造实体项目。

2.2　根据标的公司股东会决议，决定将标的公司的注册资本由人民币9000万元增加到15000万元，其中新增注册资本人民币6000万元。投资方以现金人民币6000万元认购标的公司新增注册资本6000万元。

2.3　标的公司增资扩股后，各方持股比例如下：甲方以现金出资，持有标的公司40%的股权；乙方以设备等实物投资，持有标的公司60%的股权，如果设备等实物价值低于9000万元，则低于部分由乙方以现金补齐，如果高于，则高出部分进入标的公司资本公积金，不占股权。

第 3 条　出资时间

3.1　投资方应在本协议生效后，在乙方完成以设备实物或现金出资后 30 天内将本协议约定的股权认购价款人民币 6000 万元一次性足额存入标的公司指定的如下银行账户：

××× ×××

3.2　标的公司应在收到增资款 5 个工作日内向投资方出具加盖公章的收款凭证，收款凭证应当注明收到的款项为“增资认缴款”并聘请专业机构进行验资。

3.3　各方同意，应在标的公司收到增资款的 30 个工作日内，主动配合标的公司办理完成工商登记变更手续。

3.4　在本次增资扩股事宜中所发生的一切相关费用（包括但不限于验资费、审计费、评估费、律师费、工商登记变更费等）由变更后的标的公司承担。

第 4 条　增资后标的公司的治理结构

4.1　增资后，本协议各方同意按照现代法人治理结构进行经营和管理，建立现代企业制度运营管理公司。

4.2　投资方依照本协议 3.1 条约定缴足出资后，10 日内召开股东会修改公司章程，本协议约定的重要内容写入标的公司新章程。

4.3　在甲方持有标的公司股权期间，标的公司下列事项必须经全体股东一致通过：主营业务范围、注册地点变更；任何对外融资、担保、投资、对外赠与或转让资产（但正常经营业务范围的除外）。

4.4　增资后，标的公司设董事会，成员三人，投资方选派 1 名董事，原股东选派 2 名董事，公司财务负责人的任免需要投资方派驻董事的同意。

4.5　增资后，标的公司不设监事会，设1名监事，由投资方指派。

4.6　投资方同意在股东会及董事会上作为乙方的一致行动人，支持乙方的意见和经营决策，但对乙方违反本协议约定或损害标的公司以及甲方合法权益的意见和经营决策，甲方有权利提出反对。

第5条　标的公司及其原股东的陈述与保证

标的公司及原股东分别陈述与保证（包含责任义务）如下：

5.1　标的公司及其原股东具有签署本协议的民事行为能力及民事权利能力（略）。

5.2　标的公司及原股东保证，向投资方及投资方委托的财务、法律尽调人员和审计人员提供的文件及说明的情况，均为真实、准确、完整，无伪造、涂改和遗漏之情形。除向投资方书面告知外不存在其他未披露的诉讼、仲裁、行政处罚、刑事处罚、对外担保、重大（超过50万元）债权债务和合同等情形。

5.3　标的公司及原股东保证完成原股东与政府部门签订的投资项目合同和其他相关合同中原股东承诺的事项。

5.4　标的公司保证投资方对标的公司运营的知情权，投资方有权对任何损害标的公司利益的行为提出防范和纠正要求。标的公司应当按照法律、行政法规和国务院财政部门的规定建立健全财务、会计制度。标的公司应定期向投资方提供财务报表（包括但不限于：资产负债表、损益表、现金流量表以及货币资金收支明细表）。标的公司应全力配合投资方的投后管理制度。

5.5　（略）

5.6　（略）

5.7 （略）

第6条 投资方的陈述与保证

投资方的陈述与保证（包含责任义务）如下：

6.1 （略）

6.2 （略）

6.3 投资方按照本协议约定，按时、足额向标的公司支付投资款。

6.4 投资方有义务利用自身便捷条件，协助标的公司按照国家有关政策规定获取政策优惠和政策补贴。

6.5 （略）

6.6 （略）

第7条 关联交易和同业竞争

7.1 各股东及标的公司承诺，增资后，标的公司应逐渐减少直至完全消除关联交易，确需发生的关联交易应由相关方依据市场价格，按照公平、公允的原则签署相关协议。

7.2 各股东承诺，不无偿占有、使用标的公司的资产。

7.3 各股东承诺，在持股期间不发生损害公司利益的关联交易行为，如发生上述行为应负责赔偿对公司造成的损害。

7.4 各股东和标的公司承诺，标的公司及关联方目前没有，并且保证未来不会以任何形式从事或参与与标的公司主营业务构成直接或间接竞争关系的业务或活动。

7.5 各方将尽审慎之责，杜绝或及时制止标的公司股东、董事、经理及其他高级管理人员违反《公司法》及公司章程的同业竞争、竞业禁止、关联交易行为。

7.6　对于符合标的公司利益的关联交易，标的公司应及时将定价及定价依据通知各方。涉及关联交易的表决，关联股东和关联董事应予回避。

第8条　股权回购

8.1　增资完成后，若发生如下事项之一，则标的公司和原股东应回购投资方持有的标的公司股权：

8.1.1　自甲方增资款存入标的公司指定的银行账户五年内标的公司没有实现上市。

8.1.2　标的公司和原股东实质性违反本协议的相关条款（包括但不限于违反本协议承诺、保证、责任、义务），导致标的公司经营管理出现重大不利变化，足以影响本次投资合作目的的实现。

8.1.3　标的公司解散或被主管机关责令停业。

8.1.4　本协议或作为本协议基础的投资项目合同，出现终止情形或被有权机关认定无效。

8.1.5　标的公司的生产经营、业务范围、注册地址发生实质性调整，并且不能得到投资方的同意。

8.1.6　原股东持有的标的公司之股权因转让、行使质押权或被司法保全等原因，所有权发生实质性转移或者存在此种潜在风险。

8.1.7　标的公司未按照投资项目合同约定按期代购土地、代建厂房，导致项目未能按期建设，而被开发区管委会中止该项目实施的，或项目工程在取得开工许可手续之日起两年内没有建成的，经开发区管委会批准后，延期一年仍未建成。

8.1.8　实体项目全部投产后三年内，累计产值低于30亿元人民币

（其中出口创汇低于2亿美元），累计税收贡献低于8000万元人民币。

8.2　如果启动回购，则标的公司和原股东应以现金方式回购投资人所持有的标的公司全部股权。

8.2.1　股权回购价格为：投资人实际缴纳的认股款金额（6000万元）×［1+（全国银行间同业拆借中心公布的一年期贷款市场报价利率（LPR）×110%×投资年限）］。

8.2.2　上述投资年限指自甲方增资认股款存入标的公司指定的银行账户起至标的公司或原股东实际支付股权回购价款之日止。

8.2.3　出现8.1条所述事项之一，投资方有权发出书面股权回购要求，标的公司和原股东收到书面股权回购要求之日起30日内，应将股权回购款全额支付给投资方。

8.2.4　原股东在此共同连带保证：如果投资方根据本协议要求标的公司或原股东回购股权，原股东应促使标的公司的董事会、股东会同意相关决议案，并签署一切必需的法律文件。如果标的公司对投资方的股份回购行为受到法律限制或因其他原因无法实现，原股东应单独作为上述股权回购的义务方。

第9条　违约责任（略）

第10条　保密和信息披露（略）

第11条　其他

11.1　本协议各条款应独立有效。如果本协议任何条款不合法、无效或不可执行，则本协议其他条款仍然有效和可执行。

11.2　原股东依其持有的标的公司全部股权为在本协议中所作承诺、保证以及应承担的责任和义务提供质押担保，并在本协议签订后30日内办理股权质押登记，将股权质押给投资方。在标的公司及原股东向投资方支付全部股权回购款后的10个工作日内，投资方应配合原股东及标的公司办理解除股权质押手续。

11.3　仲裁（略）

11.4　协议生效（略）

该协议甲方为政府背景投资基金，近年来各地招商引资竞争越来越激烈，企业项目投资选址洽谈时除了要求财政扶持、人才奖励等常规政策外，为了降低资金压力、提高自有资金收益，常常会要求将政府配套投资作为优惠政策之一，对于符合地方产业发展导向的项目，地方政府则以自己主导的投资基金投入。从协议内容可以看出，为尽可能规避风险，协议就治理结构、关联交易及同业竞争、股权回购等都做了详尽约定，但协议中关于标的公司股权回购的约定存在法律争议，有可能得不到司法认可与执行。从协议内容上，我们也看到各方签约时考虑到了类似问题，比如第11条的约定就属于无法执行时的救济安排。

为保证投资的科学决策，基金一般都设置有投资决策委员会作为最高决策机构，投资协议经投资决策委员会通过后，付诸实施。

6. 投后管理与增值服务

投后管理是基金投资过程中的又一个重要环节，是降低风险、确保预期收益的重要手段之一。投后管理的方式有参与公司治理，比如委派董事会成员、委派财务总监；提供管理支持，比如帮助建立企业制度规范、企业经营需要时帮助协调外部资源（政府关系协调、重大客户开发、核心人力资源猎聘）等。增值服务也可算是一种管理支持，基金管理团队往往有广泛的人脉资源、丰富的资本市场运作经验，可以在项目再融资、战略规划、人力资源、市场开拓、公共关系等多个方面提供服务。在流动性充裕的市场条件下，能否提供高质量的增值服务，也是项目融资方在选择外部投资者时应重点关注的方面之一，所谓“选择资金就是选择合作伙伴”。

7. 退出

作为财务投资者，通过投资项目的年度分红一般不能满足收益要求，基金需要通过退出获取超额收益，没有实现退出的项目，在基金封闭期满后，也需要强制退出。另外，由基金性质决定，其首先考虑的就是风险，正如圈内流行说法，投资决策委员会对某项目研究决策前，首先问的问题是，风险发生时如何保证退出，再考虑投资可行性，即所谓“先退后投”。在制作投资方案向投资决策委员会汇报时，基金团队已经对各种潜在风险对应的退出方案进行了设计。

基金的退出方式有以下几种：

（1）IPO 退出，即投资的项目成功在资本市场实现首发上市，基金投资的股份可以在二级市场上减持，实现获利退出。这是基金投资最理想的退出方式，通常能让基金投资者获取非常高的投资回报，但上市门槛高、所需时间周期长等因素，使得只有部分项目能通过此方式退出。

（2）并购退出，指的是有新的外部投资者进入，原有基金将其股份转让，实现退出。

（3）全国中小企业股份转让系统（新三板）市场退出，项目不够 IPO 条件，转而在新三板挂牌，基金股份转让退出。但这种方式受新三板市场流动性限制，退出价格也受此影响。

（4）股权回购退出，指由原股东按约定的条件从基金购回股权，基金实现退出。这种情况常常是项目出现重大问题，比如经营业绩严重不及预期、原股东违反投资协议等。

（5）清算退出，投资项目失败，项目终止清算。

三、银行与项目投资

在我国，银行作为传统的融资渠道，曾经几乎是唯一的渠道。改革开放以来，随着我国市场经济发展，金融市场不断完善，投融资体系不断健全，银行在金融体系中的角色定位逐渐清晰明了，但市场中还是流传着对银行的误解，“嫌贫爱富”“只做锦上添花，不雪中送炭”等，其实这是由银行的商业模式决定的，银行的商业模式简单来说就是获取息差，即放贷的利息收入与吸储的利息支出之间的差。储户存钱获取利息通常视作无风险收益，银行拿了储户的钱再放出去就必须严格控制风险，贷款违约多了就无法保证储户收益，甚至引发系统性金融风险。这就是为什么说银行的本质是经营风险，其基本要求是确保资金的安全性、流动性和盈利性。“贫”和“雪”比“富”和“锦”蕴藏着更大风险，银行避之就容易理解了，否则银行总是亏钱，它的商业模式就不存在了，银行这种形态也失去了存在的基础。对风险有较高承受能力的是风险投资（以及一些私募投资），它们的商业模式是募集资金然后寻找项目进行投资、获取投资收益。风险投资的资金来源与银行储户不同，这些资金风险偏好高，愿意为了获取高收益而承担高风险，因而风险投资的管理者可以在“贫”和“雪”中寻找机会，一旦投资成功便可获取高额收益。

银行参与项目投资的动因还是其商业模式——获取息差，投资方式是项目贷款。为控制风险，银行提供项目贷款有严格管理规定，对拟投资项目质地、运营前景要求较高，前期调查论证较普通流动资金贷款更为严谨。以下是一家大型股份制银行对某药品生产项目申请项目贷款时要求的资料清单，从中可以看出其对稳健的偏好：

1. 股东营业执照、公司章程。

2. 新项目营业执照、公司章程。

3. 股东及新项目简介（集团情况、主营业务、核心竞争优势、企业发展规划等）。

4. 法定代表人身份证、实际控制人身份证，法定代表人、实际控制人个人简历。

5. 股东企业近两年审计报告及最近一期财务报表。

6. 担保企业营业执照、公司章程、近两年审计报告（或财务报表）、最近一期财务报表。

7. 拟投资新项目的资料清单：

项目可行性研究报告；

政府有权审批部门出具的项目审批/核准/批文（项目建议书批复、可行性研究批复、核准批复）；

城乡规划批文（建设项目选址意见书、建设工程规划许可证等）；

用地批文（用地预审、建设用地规划许可证、土地使用权证等）；

环境影响评价批文（环境影响报告书、环境影响报告表、环境影响登记表）；

节能评估和审查批文；

安全生产审核意见；

建设施工许可相关批文（建筑工程施工许可证等）；

特种行业相关批文；

涉及项目建成后正常经营所需的批文资料，如电网接入意见、BOT建设协议及BOT项目经营权预批复文件等；

项目工程进度（可拍摄照片或监理公司出具说明）；

项目资本金和其他建设、生产资金筹措方案及落实资金来源的证明材料；

项目资金投入支付凭证及主要合同；

已签订的施工合同、原材料采购合同（或意向书）、产品销售合同（或意向书）。

项目贷款是债权投资，银行不参与被投项目的管理，与基金项目投资更关注盈利能力相比，银行更关注项目及其股东的信誉及偿债能力。理论上项目贷款是以项目本身产生的盈利能力还款，实际操作中，如果项目达不到预期收益，则由担保企业还本付息。这就是为什么上述项目贷款资料清单中有一系列关于项目股东和担保企业的要求，该案例是制造业项目贷款，有关项目贷款，我们在下一章节投资银行业务中进行详细讨论。

第五章 专业的人做专业的事 ——中介机构

一、中介机构的类型与作用

项目投融资涉及方方面面的专业技能，复杂多样，还需要协调各方利益关系，而项目发起人多为产业背景，主营业务为实体经营，资本运作是企业发展过程中的非常态工作，相关人力资源配置不足，又缺乏资本领域相关经验，因此常常需要专业中介机构参与，提供专业服务、提高效率、促进交易顺利达成。除提供专业服务外，中介机构还可以直接提供商业机会，居间介绍投融资双方对接。与项目投资有关的中介机构类型很多，会计师事务所、律师事务所、投资咨询公司、评估机构、投资银行等，甚至有的项目中有自然人个人提供居间服务。会计师事务所主营业务是提供审计、会计、咨询、税务等方面业务服务，律师事务所顾名思义就是提供法律服务，由于他们常年为各类经济实体提供服务，积累了大量人脉及信息资源，除常规服务外还能够为项目投融资提供多方面增值服务。投资咨询公司从事业务领域各有不同，股票市场、期货市场、理财服务、企业融资等，其中企业融资领域的投资咨询公司与项目投资关联度最强，其商业模式是提供企业融资服务收取相应费用，比如，提供财务顾问服务收取顾问费，撰写项目商业计划书收取服务费，居间介绍企业项目融资成功后按比例提取佣金，等等。市场上投资咨询公司良莠不齐，实力较强的公司具有广泛资源、较强的研究和分析能力，其从业人员专业能力突出，提供服务的项目融资成功率较高；实力较弱的公司融资成功率低，可能造成项目方浪费人力、财力，有时还会错过商业机会，甚至有些非法集资机构打着投资咨询公司的幌子从事非法活动。

实践中，中介机构具体为项目投融资提供的常见服务有以下几种：

会计师事务所：担任企业的财务顾问，帮助规范财务工作，以有利于企业开展融资活动；受投资机构委托对拟投资项目进行财务尽职调查；受企业（投资者）委托进行项目选址论证。

律师事务所：担任企业或投资机构的法律顾问，起草投融资法律文件，帮助解决投融资活动中的法律问题；受投资机构委托对拟投资项目进行法律尽职调查；受企业（投资者）委托进行项目选址论证。

投资咨询公司：担任企业投融资（财务）顾问，帮助制作融资文件（如商业计划书），居间介绍、协调企业融资；受企业（投资者）委托进行项目选址论证。

资产评估机构：项目投融资时的资产评估、价值评估。

增值服务包括帮助企业重要事项的外部关系协调、关键岗位的人力资源猎聘以至于某项市场机会的获取等，在与企业合作中形成良好、频繁的互动关系后，增值服务可能涉及各种各样的事项。通俗地讲，就是与企业老板及高管成为好朋友，互相帮助。企业对中介机构优质服务的典型回馈就是为其介绍潜在的开拓业务机会，企业需要中介机构服务时，时常是企业家朋友圈互相推荐。

投资银行是项目投融资领域中最常见的中介机构，在投资领域中占有重要地位，故本章节以下内容以投资银行为重点展开介绍。

二、投资银行

投资银行作为金融媒介，它为资金使用者和资金提供者建立了便捷通道，促进资本交易便利化，由于投资银行行业发展是一个在实践中不断变化和金融创新的过程，因此从理论上对其界定显得十分困难。狭义的投资银行指从事证券承销、证券交易和经纪的金融机构，相当于我们通常理解的证券公司（实际上市场上称之为证券公司的机构，经营范围也不止于此）。目前最普遍接受的是广义的投资银行定义，主要指为中长期（1 年及以上）资金需求者提供资本市场服务，从证券承销、公司融资到并购重组以及基金管理和风险投资等。由此可见，投资银行定义很宽泛，一定程度上私募投资基金、投资咨询公司也属于投行机构。

作为金融媒介，投资银行在优化资源配置、促进经济增长中起着重要作用。一是通过有价证券发行（股票、债券），使资金向好的产业部门和企业流动，提高全社会资金使用效率；二是促进企业并购重组，实现生产要素合理配置，推动产业结构调整和升级；三是便利政府债券发行，使政府获得足够资金提供公共产品、加强基础设施建设；四是通过基金管理（私募股权投资基金、风险投资基金），将部分资金直接进行产业投资，促进产业发展，拉动经济增长。

三、关于投资银行业务

投资银行业务可以归纳为以下基本类型：证券承销、经纪、自营业务，项目融资，并购重组，资产管理，风险投资，研究及顾问咨询等。投资银行业务是一类与资本市场相关业务的统称，并不意味着全部都只是投资银行特有的业务，前面几项像证券承销、经纪、自营，需要牌照才能从事，也就是只有投资银行才可以做；后面几项像项目融资、并购重组等，其他中介机构或类金融机构也可以从事。以下着重介绍与项目投资直接相关的业务运作：

1. 项目融资

项目融资即前面章节我们涉及到的项目贷款，指以项目本身的资产作为抵押条件，以项目收益作为还款来源的融资活动。项目融资的特点是融资成功与否取决于项目本身的经济价值，而新项目风险相对高、融资过程复杂、涉及机构多、所需文件多，所以一般重大的项目融资都有类似投资银行的中介机构参与进行结构设计等顾问服务，使交易便利化，投资银行收取顾问费。

项目融资的类型及适用范围：一是基础设施项目，公路、桥梁、隧道、铁路、机场等。比如，某跨河大桥项目，以项目融资方式筹资建设，用过桥费收益偿还贷款。我们熟知的 BOT 项目模式（建设—运营—转让）、PPP 项目模式（国有企业与民营企业合作）在此领域比较常见。二是大宗商品资源开发项目，石油、天然气、有色金属等，大宗商品有利于产生良好的现金流，项目收益还款相对容易操作。三是制造业项目，近年来各地都大力倡导发展制造业，项目融资生态较好。

项目融资的参与方主要有：

项目发起人：项目投资的主体，以股权资金先行对项目投入，成立项目公司、寻求外部融资、对项目公司提供担保、负责项目组织工作。

项目公司：是项目发起人设立的法人实体，承担项目的资产、负债，多数时候也负责项目的开发、建设、运营。

贷款人：为项目提供融资的金融机构。

项目产品购买方：为保证项目收益的确定性，贷款方常常要求融资时项目产品就有买方参与，比如，基础设施项目有政府的特许经营许可，资源项目有产品买方签订长期购买协议，制造业项目此种情况较少。

政府机构：为项目融资提供多方面支持，比如，特许经营许可、土地等要素保障、各种优惠政策。

项目融资顾问：中介机构（顾问）在项目融资中担当十分重要的角色，能大大提高融资成功率，这类中介机构常常是投资银行。担任顾问的投资银行必须对项目及项目所在的行业有深刻认识及把握，熟悉行业环境及政策，洞悉技术发展趋势及成本要素；与金融机构有良好关系，掌握各种融资工具及手段；有良好的沟通能力与谈判经验，平衡各参与方利益关系。投资银行的主要工作是：代表项目发起人组织、筹划项目融资活动；设计项目融资交易架构，包括资金来源结构（股本金、负债）、信用保证结构等；组织、协调项目参与方，代表项目发起人与各方沟通、磋商；起草相关文件。

2. 资产管理

资产管理是指资产所有人（委托人）将自己的资产交给受托人（资产管

理机构），由受托人为委托人提供理财服务，以期获得投资收益。资产管理机构有很多种，投资银行、商业银行、各类基金、信托公司等。资产委托人可以是一般民众、富裕居民家庭、实体企业等，这些闲置资金通过投资计划汇集起来（汇集方式有我们之前讨论过的公募、私募），体现为投资基金、信托计划等组织形式，由资产管理机构按协议约定管理，开展投资活动获取收益。投资银行管理的基金种类有证券投资基金、私募股权投资基金（包括风险投资基金），投资银行管理私募股权投资基金时，其投资逻辑及行为是和单独运营的私募股权投资基金相通的。这就是为什么广义上讲，私募投资基金、投资咨询公司也属于投行机构。

3. 企业并购

并购是兼并和收购的合称。兼并又称为合并，指的是两家（或以上）合并为一家企业，如果一家企业吸收其他企业，该企业存续，被吸收的企业解散，称为吸收合并。如果两个以上企业合并为一家新企业，原企业都解散，则称为新设合并。收购是指一家企业购买其他企业的资产或者股权（分别称为资产收购或股权收购）。并购往往同时带有投资行为发生，对产业发展有重要促进作用。

企业并购的动因包括：一是期望产生协同效应，即两家企业并购后，总体效应大于原来两家之和。协同效应可以产生于多个方面，比如，管理协同，并购后提升管理效率；财务协同，资金统筹使用；经营协同，并购后规模扩大，更能实现规模经济。二是经营良好的企业谋求加快发展，投资新项目周期长，选择并购方式扩张相对快捷。三是有的企业价值被低估，引发其他企业进行并购套利。

并购项目的运作过程与私募股权投资基金投资运作类似，包括并购标的的筛选、初步研判、尽职调查与价值评估、签署并购协议、并购后的整合。

并购是一项非常复杂、专业性强且极具个性化的业务，需要综合考虑企业文化、经营管理、财务、交易设计等方方面面的因素，一般都要选择经验丰富的投资银行做并购顾问。

并购中投资银行的作用如下：

（1）为企业做行业分析及自身定位分析，在此基础上制定并购发展战略及路径。

（2）设计策划并购交易并组织实施，包括并购标的的选择，提出并购建议，协调法律、评估等第三方机构，交易条件的设计、磋商等，促进交易顺利进行。

（3）各种资料、文件的准备。

（4）协助并购资金的筹措。

（5）协调相关公共关系。

4. 直接投资业务

根据监管规定，投资银行可以设立子公司（包括直投基金、产业基金及基金管理机构等）直接进行股权投资。这和上章节讨论的外部投资者情况一致，在此不再赘述。

正所谓，“专业的人做专业的事”，在项目投融资中，有经验的中介机构通过专业化详细分析，能够客观地评估项目优势劣势、发展潜力、财务状况，清晰项目亮点，强化核心竞争力的发挥，把项目的内在价值充分挖掘出来，得到各方认可，从而促进项目融资交易的达成。可以说中介机构服务客户的核心能力就是价值挖掘，这种能力的产生逻辑是一样的，那就是通过工作中贴现现金流量评估方法的不断实际应用，从专业化、市场化方面积累实践经验，培养出价值发现的眼光、价值判断的逻辑。存在的就是合理的，这就是为什么企业常常会聘请中介机构做顾问，为企业发展战略、投融资、企业管理等方面提供咨询服务。以下是实际中某企业与中介机构的顾问协议，乙方为某基金管理公司，即为广义上的投资银行，顾问服务内容有三方面，发展战略制定、并购顾问及融资顾问、投资顾问（参与产业基金），这些事项都属于投资银行业务范畴。

财务及管理顾问协议

甲方（聘任方）：××实业有限公司

乙方（受聘方）：××私募基金管理有限责任公司

鉴于：

甲方因经营发展需要，拟引入财务及管理咨询相关专业服务，实现现有资源有效利用，形成企业更新发展基础；乙方在产业梳理、资本投融资及管理服务等相关领域有丰富经验和相关资源。甲乙双方本着平等协商、诚实信用的原则，就甲方财务及管理咨询服务所涉事宜，签订本协议，促进甲方经营发展目标的实现。

第一条　委托事项

1.1　乙方就甲方财务及管理咨询工作开展沟通及交流，明确甲方具体范围、阶段性工作任务及深度，确定服务时间表。

1.2　发展设计阶段：

1.2.1　为甲方提供企业及相关产业发展分析，梳理发展时序及机会点；

1.2.2　盘点甲方相关产业资源，对代表性资产和人员进行深入访谈调研，找出甲方未来发展所具备的独特优势和目前发展瓶颈；

1.2.3 通过内外部分析，梳理甲方的企业发展目标，以及现有资产之间的联动关系；

1.2.4 通过产业对标研究，梳理关键成功要素和最佳路径。

发展设计阶段交付成果：

——目标企业资源现状诊断；

——目标企业发展愿景及目标；

——目标企业对标案例及次序发展生态。

1.3 发展策略制定阶段：

针对前述目标愿景梳理和发展策略规划，找到切实路径和启动抓手，包含但不限于：

1.3.1 筛选可能形成协同效应的目标企业，测试整合意向，明确整合可能性；

1.3.2 提供整合方案设计，参与并购谈判；

1.3.3 对整合管理机制建设提出具体建议；

1.3.4 推荐并协调会计师事务所、律师事务所等相关中介机构开展相关工作；

1.3.5 发展策略制定阶段交付成果：

——合适合作伙伴名单及相关分析；

——具体推进行动方案。

1.4 创新服务意向承诺：

乙方对甲方企业发展规划及落地实施提供长期支持，形成的紧密合作伙伴关系，不限于帮助甲方搭建或参与产业发展基金等创新服务，具体合作内容和方式另行约定。

1.5　并购及融资顾问：

根据甲方发展战略，适时开展并购业务或/及引进战略投资者，实现协同效应，提升甲方在行业内的地位，增强企业盈利能力。

第二条　甲方的责任和义务

2.1　根据乙方要求提供必要的资料和协助；

2.2　对乙方推荐项目或合作方的建议及时做出回应，并配合乙方与合作方谈判、签约；

2.3　甲方应基于其独立判断做出投资决策，其投资风险由甲方自行承担；

2.4　未经乙方事先书面同意，甲方不得向任何第三方泄露乙方提供的合作方及项目信息资料；

2.5　根据本协议约定向乙方支付投资顾问费用和报酬。

第三条　委托期限

甲方委托乙方为本企业提供财务及管理顾问服务，服务期限自××××年××月××日到××××年××月××日，若服务期限届满，乙方提供服务的某一交易仍在进行中，则本协议自动顺延直至该交易完成。

第四条　报酬、费用及支付方式

4.1　乙方提供财务顾问服务费用分为定额和浮动两部分；

4.2　定额服务费用按年度计算，暂不收取，期间因乙方服务发生的差旅费用实报实销，包含乙方为甲方提供发展设计阶段服务，以及寻找合作标的的必要费用；

4.3　浮动服务费用，指依据乙方促成甲方引入合作方，并带来企业价值增长收取的费用。基础浮动费用按照引入投资总额的2%收取，资产增值收益和新增项目收益的费用原则上按增值收益的20%收取，涉及并购重组的资产增值可以授予总股本10%的期权（行权价格2元/股），各项业务服务费用的具体方案根据业务实际情况另行约定。

4.4　支付方式，服务期间的差旅费用实报实销，浮动服务费用在增值收益获得的一个月内支付；

4.5　若甲方未能按时支付合同约定的报酬或费用，则自应支付之日起，每逾期1日，应向乙方支付相当于应付款项0.5%的违约金；

4.6　乙方银行账户信息（略）。

第五条　争议解决方式（略）

第六条　保密及其他（略）

第七条　合同效力及其他（略）

第六章
产业投资与招商引资——政府

一、政府招商引资的理论基础和实证

政府是国家进行统治和社会管理的机关，其重要职能之一就是促进社会经济发展，提高人民生活水平，这需要通过经济增长来实现。宏观经济中，经济增长的动力来自于投资、消费、净出口三大需求，宏观经济学认为，政府能够通过财政政策、货币政策等手段对需求进行调节，以达到调控经济的目的，这是当今宏观经济学的主流观点，也构成了世界各国政府干预经济的理论基础，这在20世纪上半叶世界经济大萧条以来，各国政府宏观调控经济的实践中得到了实证。通俗地理解，类似经营一家企业，各级政府就相当于一个国家、地方或城市的经营者，人民安居乐业、社会长治久安，都得通过发展来实现。就我国而言，促进经济增长的宏观调控措施基本是积极的财政政策和稳健的货币政策，积极的财政政策主要包括扩大政府公共投资（基础设施、医疗卫生等），促进消费需求（消费补贴、收入分配调节等），结构性减税（鼓励出口、减轻企业负担等）。稳健的货币政策是指保持适度灵活的货币供应量来维持物价稳定，适时调整利率来引导投资、促进经济增长。微观层面来讲，地方政府一是落实好国家政策，二是在国家政策框架下出台地方性促进经济增长的政策措施。更为重要的是，地方政府通过具体措施及做法，将一系列政策落实到微观经济活动中。具体到投资活动，则体现在为项目投资提供各种便利条件和要素支撑，促进项目落地。这在国际上统称为投资促进，从吸收投资的角度，在我国尤其是地方政府，则更广泛地称之为招商引资。

世界上最早的招商引资可以追溯到中国春秋时期，齐国国君齐桓公为提升国力、成就霸业，不计前嫌地任管仲为国相。管仲实行“四民分业”，将国民划分为士、农、工、商 4 种职业群体。并把不同的职业按类别划分到全国 21 个区域，区域内为客商整修道路，建造驿站，并辅以优惠政策，将不同从业者分别集中到这些行业集聚区，这种做法可谓开历史先河，大大提高了劳动生产率，促进了齐国国力增长，助力齐桓公成为一代霸主。现代意义上的招商引资是伴随着经济特区的出现而产生的经济活动，学术界说法较多的是第一个经济特区出现在法国，为了与其他欧洲沿海国家竞争，法国政府划定马赛港港区为自由贸易区，制定特殊政策吸引并促进贸易往来。

招商引资的形成与发展是经济活动规律使然，其在经济增长中的作用越来越重要。根据联合国贸易和发展会议（UNCTAD）发布的信息，全球第一大外资流入国美国，2022 年外资流入 2850 亿美元，约占其国内生产总值的1.12%。我国作为全球第二大外资流入国，2022年外资流入1890亿美元，约占国内生产总值的1.05%。国家与国家之间、国家内地区与地区之间，招商引资竞争日趋激烈，各方纷纷采取各种措施吸引外来投资者，比如，美国政府自2011年启动“选择美国”项目，由美国政府全面推广吸引外国投资，希望投资者通过此项目更加了解美国开放的投资市场。各州还推出吸引外国直接投资的“一揽子激励计划”，包含免税、补贴、贷款担保、雇员培训、改善当地投资环境、土地补贴等。为了协助外国投资者选择厂址，美国很多城市设立了“综合服务中心”，以帮助投资者办理手续，加速其选址与建厂进程和解决选址过程中遇到的问题。在我国，各级政府面临的经济增长、就业、财政收入压力更大，在招商引资上更是下大力气。

二、政府招商引资的措施与做法

从本书第三章新能源汽车项目选址内容清单中我们可以看到，政府在很多方面对项目投资有重要作用和影响，为清晰了解，可归纳为两大方面：一是投资环境（软环境及硬环境），包括城市的基本环境，是否宜居、文化、民风、医疗、教育等；基础设施，能源供应、道路、交通等；商务环境，政府服务、财税政策、中介机构的商务服务等。二是项目要素的可获得性及成本，如土地位置及价格、金融支持的便利性、行政许可、特许经营许可、市场开拓等。各地政府招商引资具体做法有细微差异，但总的来讲都是基于这些政府能起作用的、投资者关心的问题展开的。

1. 改善投资软硬环境

（1）统一思想、营造氛围、优化投资软环境，如许多地方政府提出，“招商引资是经济工作生命线”“政府一号工程”“人人都是投资环境”“全社会招商引资”等。

（2）强化政府服务，如整顿工作作风、设立统一行政审批机构以提高审批效率、提高政府工作人员素质等。

（3）基础设施建设，如道路、交通、水电气、建设用地“七通一平”等。

（4）改善医疗、教育条件，如国际医院设立、国际学校建设、外来人员子女就学保障。

2. 降低投资成本和生产要素获得成本

（1）制定招商引资优惠政策。由于招商引资竞争日趋激烈，谈判博弈中产生了各式各样的政策措施，实践中有时会出现恶性竞争。常见的措施主要有：企业税收贡献奖励，企业高管个人所得税贡献奖励，项目固定资产投资补贴，土地出让金返还，物流补贴、租赁厂房项目的租金补贴，贷款担保与贴息，政府投资基金跟投，代建厂房等。

（2）打造市场环境，如给予特许经营许可、为新项目提供应用场景、提供部分市场准入等。

（3）加强人力资源供给保障，如支持高等教育、职业教育发展，丰富人力资源市场供应。

3. 强化招商引资工作、提高招商引资专业化水平

（1）加大城市宣传，进行城市营销，提高城市知名度和影响力，如搞大规模、高档次的招商引资会议、专业论坛等活动。

（2）加强招商引资领导力量与工作力量，如很多城市都有一把手挂帅的

招商引资工作领导小组，统筹招商引资中的重大项目、重大事项；专门成立招商局、投资促进委员会（局）等机构，统筹开展招商引资工作；各地的高新区、经济开发区管委会主要职能定位于招商引资，机构设置和人员配备上强化招商引资力量。

（3）市场化、专业化促进项目落地，如成立项目评审委员会为项目决策提供建议；财政出资设立产业引导基金，市场化扶持项目投资。

以上是各地方政府较为通行的一些做法，随着经济形势不断变化，加之招商引资竞争白热化，各地大体做法基本同质化，但在细节和深度上还是有所差别的。比如，作为产业发展、招商引资先进地市的苏州，2023 年 5 月 9 日出台了《关于进一步促进产业投资助推实体经济高质量发展的若干政策措施》，紧扣当下经济发展主题，从完善招商奖励政策、强化主导产业招商、布局发展新兴产业、创新丰富招商模式、狠抓招商载体建设、优化提升招商力量六个方面，提出 26 条措施，着力促进产业投资、助力实体经济高质量发展。政策内容完善、逻辑清晰、贴近实际、支持力度大。政策发布前广泛征求社会意见建议，以下是公开发布的该文件征求意见稿，读者仔细研读文件内容，便可更详尽地了解到地方政府在促进经济发展中的工作方向、着力点、方法与措施。

关于进一步促进产业投资助推实体经济高质量发展的若干政策措施

（征求意见稿）

为深入学习贯彻党的二十大和习近平总书记重要讲话精神，完整准确全面贯彻新发展理念，进一步促进产业投资，提升实体经济活力和韧性，推动苏州高质量发展走在前列，特制定政策措施如下：

一、完善招商奖励政策

1. 支持引进高端产业项目。围绕制造业高端化、智能化、绿色化发展，对引进承担国家重大战略任务、率先打破国外垄断、国内首次示范应用等重大战略性新兴产业项目，按照规定最高给予项目投资的30%、不超过1亿元的支持；对引进投资规模大、带动作用强、示范效应好的其他先进制造业项目，按照规定给予不超过项目投资的10%、最高1亿元的支持。（责任单位：市工信局、市发改委、市财政局，各县级市（区）人民政府（管委会），以下政策措施均需各县级市（区）人民政府（管委会）落实，不再单独列出）

2. 支持引进新兴服务业项目。在科技、研发、设计、法律、会计、金融、检验检测认证、知识产权、文创旅游等细分领域，对引进国内外知名服务机构落户苏州，符合条件的，给予一次性资金奖励。对引进投资额1000万元以上的服务业优质项目，根据项目落地后发展质效，符合条件的，给予相应的资金支持。支持新设金融企业总部，给予一次性落户奖励最高不超过5000万元。支持新设金融企业一级分支机构、专营机构或专业子公司，支持新设金融控股公司。鼓励数字人民币运营子公司、创新型机构、产业生态圈企业落户。（责任单位：市发改委、市科技局、市工信局、市住建局、市司法局、市财政局、市金融监管局、市市场监管局、市文广旅局）

3. 支持引进创新型功能型总部项目。重点引进央企第二总部和长三角民营企业总部、跨国公司地区总部，推动研发中心、销售中心、结算中心、财务中心等项目在苏集聚，对符合条件新引进的总部项目，分阶段给予奖励，奖励金额最高不超过2000万元。鼓励各地对租用办公用房或首次购置总部自用办公用房，按照租金或者房价的一定比例给予补助，最高不超过 1000 万元。严格落实外商投资准入前国民待遇加负面清单管理制度，优化服务举措，为企业办理市场监管部门相关证照提供事前指导。支持半导体、消费品以及大宗商品型贸易企业在苏州新设贸易主体，鼓励太仓港引入贸易主体拓展外贸增量。支持苏州各类保税物流企业特别是分拨中心进一步加强全球资源调配能力和承载能力。（责任单位：市发改委、市商务局、市工信局、市市场监管局）

4. 支持引进农业农村优质项目。积极引进农业全产业链、乡村数字产业、科创技术服务等领域重点项目，深入实施“纵向贯通产加销、横向融合农文旅、聚焦中心搭平台”全产业链高质量发展建设行动，加快推进现代种业创新创优发展，持续推进农业关键核心技术联合攻关，吸引社会资本投入农业数字化建设。对重大涉农项目，经立项评估后，按照规定给予政策支持。(责任单位：市农业农村局、市财政局)

5. 支持现有企业增资扩产。鼓励本市存量企业通过提升产能、扩建厂房、更新设备等方式，加大技术改造投资力度。鼓励工业产业扩大有效投入，对创新集群企业实施的生物医药项目、航空航天项目、新一代信息技术、纳米技术、人工智能等项目根据当年设备投入 2000 万元以上给予 6%～15%的项目补贴，最高奖励不超过 1000 万元。鼓励制造业企业智能化改造和数字化转型，市、县级市（区）两级财政按照项目贷款额年化利率不低于 2%给予贴息奖励，单个企业市级财政每年最高奖励 300 万元。(责任单位：市工信局、市发改委、市财政局)

6. 支持外资企业利润再投资。对符合苏州市产业发展方向且年利润再投资金额超过 1 亿元的，按照每 100 万美元实际到账外资给予不超过

2%的标准奖励，单个项目最高奖励1000万元，并按40%、30%、30%的比例分三年兑现。对外资企业利润再投资的代表性外企每年度予以荣誉激励，其高管推荐申报苏州市人才计划，并享受相关奖励和待遇。（责任单位：市商务局、市财政局、市税务局）

二、强化主导产业招商

7. 强化电子信息产业招商。围绕计算机与智能消费设备制造、信息通信、新型显示、集成电路、电子元器件与专用材料、人工智能等重点领域，实施一批核心技术攻关项目，培育一批创新领航企业。对引进符合条件的优质项目，给予不超过项目投资的30%、最高1000万元的支持。（责任单位：市工信局、市发改委、市科技局、市财政局）

8. 强化装备制造产业招商。支持企业在航空航天、新能源汽车、智能网联汽车、智能制造装备、智能建造装备、高端医疗器械、机器人（含建筑机器人）、工业母机等重点领域完成对技术熟化、中试验证、批量生产等工程化阶段瓶颈持续创新攻关，单个项目按照攻关投入的50%给予最高500万元补助。（责任单位：市工信局、市发改委、市住建局、市科技局、市财政局）

9. 强化生物医药产业招商。在我市取得药品注册批件、创新医疗器械产品注册证且在全市范围内实施产业化的项目，对总投资1亿~5亿元的，按实际投入的10%给予最高不超过2000万元资助，总投资5亿元以上的按“一事一议”重点支持。在我市取得二类、三类医疗器械注册证且在大市范围内实施产业化的项目，对总投资5000万~1亿元的，按实际投入的10%给予最高不超过500万元资助，总投资1亿元以上的按“一事一议”重点支持。鼓励中国医药工业百强、境内外上市生物医药企业在我市设立地区总部，持续经营1年及以上，且在我市统计核算产值规模不低于15亿元的，按照公司注册资本（实收资本）的1%~3%予以资助，单个企业最高不超过6000万元。（责任单位：市工信局、市发改委、市科技局、市财政局）

10. 强化先进材料产业招商。围绕先进结构材料、新型功能材料和前沿新材料等重点领域，打造一批高能级创新载体平台，集聚一批高水平创新企业，引育一批高层次创新创业人才，突破一批卡脖子关键技术。对引进符合条件的先进材料关键技术项目，给予不超过项目投资的30%、最高1000万元的支持。（责任单位：市科技局、市发改委、市工信局、市财政局）

三、布局发展新兴产业

11. 大力发展绿色低碳产业。支持绿色化改造、节能环保装备（产品）产业化、工业循环经济、清洁原料替代项目，对符合条件的单个项目给予最高200万元补助。聚焦风电整机集成、储能电池生产及系统集成、氢燃料电池系统集成、新能源汽车整车生产制造、能源数字技术，按照“招大引强”思路，着重引进优质重大项目，提升产业链关键环节控制力和供应链稳定性。支持氢能、风能、太阳能、生物质能等项目落地，对符合条件的项目最高给予1000万元支持。（责任单位：市工信局、市发改委、市财政局）

12. 大力发展数字经济。围绕数字经济重点领域，加快引进和培育一批领军企业和高成长性企业，对引进符合条件的标杆性示范项目，按照规定给予不超过项目投资的30%、最高500万元的支持。每年遴选一批数字经济示范企业，对获评的企业给予最高80万元奖励。每年遴选一批人工智能等重点领域应用示范和社会应用示范场景，对入选的应用场景开放方或应用产品提供方，给予最高50万元奖励。（责任单位：市发改委、市工信局、市财政局）

13. 大力发展未来产业。围绕元宇宙、深海空天开发、脑科学与类脑智能、量子信息等未来产业重点领域开展招商引资，布局一批未来产业先导区，开放一批应用场景，引育一批领军企业。综合运用科技创新、先进制造业、服务业等专项资金加大对未来产业的支持力度，对引进符合条件的关键技术、重点工程和产业化项目，按照规定给予不超过项目投资的30%、最高500万元的支持。（责任单位：市发改委、市科技局、市工信局、市财政局）

14. 大力发展智能建造。围绕智能建造推进重点任务，建立苏州市智能建造专项发展基金，用于推进智能建造产业发展；对智能建造关键技术攻关、生产设备研制、首台（套）研发奖励、配套软件开发、标准导则制定等项目，按照规定给予不超过项目投资的30%、最高500万元的支持；调整建筑业企业高新技术企业资格认定方式，按照规定享受相应税收优惠；对于智能建造生产基地，按照规定一次性给予不超过投资额30%、最高3000万元的奖励。（责任单位：市住建局、市发改委、市科技局、市工信局、市财政局、市税务局）

四、创新丰富招商模式

15. 鼓励重点产业链招商。发挥本市重点产业链带动作用，支持"链主"企业通过委托外包、市场采购、投资合作等方式，招引上下游优质项目；鼓励产业链配套企业积极协助引进"链主"企业。对"链主"企业和上下游关联配套企业成功落地、协同投资给予支持。（责任

单位：市工信局、市发改委、市商务局）

16. 开放应用场景招商。开放制造、消费、服务等多维应用场景，加快引进大模型开发、大数据应用、大算力构建等重点企业。鼓励场景应用企业采用新产品、新技术、新模式，加快推进应用场景项目落地。（责任单位：市工信局、市商务局、市发改委）

17. 强化科技研发招商。强化科技招商力度，大力引进科研院所、科创人才、科技企业等，推动科技链产业链融合发展。支持海内外大院大所、创新型龙头企业、著名科学家或创新团队在苏州建设新型研发机构，对新建的给予最高1000万元资助。对经认定的科技成果转化项目，单个项目给予最高200万元支持。深入实施姑苏创新创业领军人才计划，对引进重大创新团队、创新创业领军人才分别给予最高5000万元、1000万元的资助。加强首台（套）重大装备、首批次关键材料、首版次软件等创新产品推广应用，对经苏州市及以上认定的首台（套）装备及关键零部件，按该产品单台（套）销售价格10%~30%给予最高1000万元奖励，属于医疗器械及医药制造范围的上浮20%。对经江苏省及以上认定的首版次工业软件、人工智能软件，按年度销售总额10%~20%给予最高200万元奖励。（责任单位：市科技局、市工信局、市发改委、市财政局）

18. 推行投资联动招商。支持社会资本、园区平台、国有资本等参与设立总规模500亿元的系列产业投资基金，重点用于服务招商引资项目落地，加大重点区县产业、科技、招商、金融部门的协调联动，鼓励金融机构协助开展招商，鼓励行业龙头、优质企业等通过兼并重组、产权转让等方式吸引新企业、新业务落户。金融企业总部并购重组苏州市外金融企业，并购重组完成后企业注册地和主要经营活动地在苏州的，最高给予奖励1000万元。坚持金融为实体经济服务的基本定位，聚焦产业迭代升级和集群创新能力提升，加强招商项目的路演推介、产融对接服务。（责任单位：市财政局、市工信局、市国资委、市金融监管局，苏创投集团）

19. 深入推进招商引才。对符合《姑苏重点产业紧缺人才计划》的人才予以重点支持。支持符合条件的优秀人才申报人才奖励政策。（责任单位：市委人才办，市人社局、市发改委、市工信局、市商务局、市科技局）

五、狠抓招商载体建设

20. 强化区域招商协同。依托“投资苏州地图”叠加建设外资总部企业云服务平台，掌握对外资总部企业的落户、经营、发展、风险等的直观画像，提升招商服务工作质量。充分发挥“投资苏州地图”平台及其微信公众号功能，在各类线下招商会结束后，持续开展“直播招商”“地图招商”等全天候招商模式。（责任单位：市商务局、市工信局、市发改委、市资源规划局）

21. 拓展产业发展空间。部署推动产业园用地提质增效三年行动（2023—2025），聚焦一、二、三类产业园和村镇工业集中区，通过改造提升、合并搬迁、功能转换、规划高标准园区等路径，拓展产业发展空间。（责任单位：市资源规划局、市工信局、市发改委）

22. 创新招商载体供应。新上工业用地或存量工业用地更新改造，所建行政办公、生活服务设施、生产性服务设施的建筑面积占地上建筑总面积的比例的上限由15%提高到30%，提高部分用于研发、创意、设计、检测、中试设施等生产性服务设施。探索土地混合利用模式，结合国土空间规划编制，统筹混合用地比例和布局。（责任单位：市资源规划局、市工信局、市发改委）

23. 推动招引项目用地高质量供给。推动产业用地“标准地+定制地+双信地”供应模式，推进弹性年期出让。继续开展产业用地更新“双百”行动，保障100万亩产业用地规模。产业类项目出让底价按不低于国家公布的所在区域工业用地出让最低价，不高于长三角同等区域同级别实际成交价格确定，确保实体产业用地成本不增加。对研发等新型产业项目用地，出让地价参考工业用地和办公用地评估地价综合确定。（责任单位：市资源规划局、市工信局）

六、优化提升招商力量

24. 强化市级统筹。加强市级统筹协调，引导各县级市（区）围绕市委、市政府重大战略部署，结合当地产业现状及发展方向做好项目谋划编排和招引储备。鼓励各县级市（区）加强联动，按照“产业在沿江转型、创新在城区集聚”的总体目标，立足各地比较优势和产业基础做亮特色经济，积极采取联合招商、收益分成等方式，优化项目区域布局，放大招商效益。市级财政每年安排不少于10亿元资金，各县级市（区）做好资金配套，合力支持产业项目招商。建立全市重大项目信息管理平台，定期归类汇集全市惠企政策，精准定向推送。（责任单位：市发改委、市科技局、市工信局、市商务局）

25. 强化队伍建设。围绕全市重大发展战略、产业发展导向，发布项目招引指南、组织项目管理培训。支持各县级市（区）加强招商机构建设，探索招商奖励机制，激励干部敢为善为大招商、招大商。鼓励各县级市（区）遴选招商中介机构和企业，通过购买服务的方式开展合作招商。（责任单位：市委组织部、市委编办、市发改委、市科技局、市工信局、市财政局、市商务局）

26. 强化服务保障。加强项目全生命周期服务保障，协调解决项目落地过程中出现的困难问题，强化要素保障。开展项目后评价工作，定期通报项目签约、开工、建设、投产投用情况。（责任单位：市发改委、市科技局、市工信局、市资源规划局、市农业农村局、市商务局、市金融监管局）

该政策文件的出台有以下几个清晰特点：

（1）全文结构清晰、不拖泥带水，能让人感觉到实干高效的工作作风。

（2）紧扣当前经济发展形势与主题：产业投资、实体经济。

（3）明确支持鼓励的方向，内容具体、有重点、有力度。

（4）强化自身产业优势：电子信息、装备制造、生物医药、先进材料。

（5）对产业发展前沿趋势有深入研究，明确自己需要什么：绿色低碳、数字经济、未来产业、数字建造。

（6）瞄准工作（招商引资）痛点难点发力：创新招商方式、统筹要素资源、加强队伍建设与服务保障。

（7）政策的关键在于落地执行，文件明确了政府各部门的落实责任。

相对于很多地市出台厚厚的文件、大话套话占据大量篇幅，苏州市该文件值得好好思考与学习。

三、政府吸引项目投资落地时考虑的因素

政府在引进项目投资时要综合考虑各种因素，着重以下几个方面：

（1）是否符合国家产业导向，比如严格限制“两高一资”（高耗能、高污染和消耗资源性）项目、过剩产能项目。

（2）是否符合地方产业发展规划。这是投资者和地方政府共同关注点，比如在新能源汽车项目选址清单中也提到当地产业发展规划。投资者认为，符合地方产业规划，项目则会得到政府更多关注和支持，反之则会费尽心力甚至遭受损失，实践中不乏由于不符合地方发展规划或者规划调整而导致项目搁浅的例子，各方损失不言而喻。

（3）项目方的实力、地位，是否为行业知名企业，引进后能否提升地方的形象和影响力、提升当政者政绩，比如在招商引资中，对世界500强企业情有独钟，即便他们拟投资项目规模不大，也会给予更优惠支持政策。

（4）项目预计对地方经济的贡献。经济增长（形成固定资产投资额、营业收入）、财税收入、就业。

（5）项目要求政府给予的优惠政策措施有哪些、优惠幅度有多大。实际商务谈判时，政府招商部门要对优惠政策投入和财税收入进行核算。

（6）项目的外部性如何，是否有污染环境、影响民生等隐患。

在项目引进（招商引资）中，政府与企业（项目投资方）诉求有较多方面差异，但根本利益点是一致的，就是都谋求项目顺利进行、投产达效、创造效益，否则各方诉求的满足就失去了基础，所以最终双方还是可以归结为

经济主体间的合作关系，体现为双方达成的项目落地协议。以下为某经济开发区引进项目的落地协议通用模板，用于招商人员对外洽谈时使用，从条款内容上我们来看一下政府与企业合作、博弈的基本点。

项目入区合同书

甲方：×××经济技术开发区管委会（以下简称甲方）

乙方：×××有限公司（以下简称乙方）

第一条　总则

1.1　甲、乙双方本着平等自愿、诚实守信、互惠互利、共同发展的原则，根据国家有关法律法规政策规定，经友好协商，就乙方在×××开发区投资建设项目等事宜达成如下协议。

1.2　乙方在×××开发区注册成立独立法人公司（以下简称乙方新公司），负责项目的建设、运营并依法纳税。

第二条　项目概况

2.1　项目名称：×××。

2.2　项目建设内容：项目选址于×××，征地面积××亩，总建筑面积为××m^2；建设厂房××m^2；员工宿舍、办公楼建筑面积××m^2。

2.3　项目规模及效益：项目预计总投入资金××亿元，固定资产投资××万元，亩均固定资产投资强度高于350万元/亩。项目预计××××年××月建成达产后，实现年产××吨，产值××万元、税收××万元，提供就业岗位××个，亩均税收高于30万元/亩。

该项目全部建成达产后，共引进×级人才××名，建设×级实验室×家，以及开发区综合评价指标体系涉及的其他各类考核指标。

第三条　优惠政策

3.1　乙方项目公司按照“招、拍、挂”程序竞得项目用地土地使用权，并足额缴纳土地出让金，办理相关手续。为支持乙方项目公司尽快投产达效，按照“一事一议”的原则，在乙方项目公司完成约定义务的基础上，按乙方项目公司实际支付土地出让金金额的××%扶持奖励乙方项目公司用于项目建设。在乙方项目公司厂房建设期间，甲方将总扶持资金奖励按项目开工兑现50%、主体工程至正负零兑现30%（该时间点以监理部门出具的工程进度证明为准）、项目投产达效兑现20%。付款方式由乙方项目公司在完成约定目标后提出书面申请，甲方在20个工作日内汇入乙方项目公司账户。乙方项目公司应当随时接受甲方对项目建设情况的检查，甲方可聘请专业中介机构对此进行评估和/或检查，如乙方项目公司拒绝配合甲方检查评估或评估后发现乙方项目公司建设进度不符合扶持资金奖励兑现条件的，甲方可以要求乙方项目公司限期整改，如乙方项目公司拒不纠正或者整改后仍不符合约定兑现条件的，则甲方有权要求尚未兑现的扶持奖励不再支付。（项目贡献大、固定资产投资额大的，也可采用按固定资产投资比例补贴的方式）

3.2　根据企业所得税开发区留成部分为参考扶持奖励基数，在乙方项目公司投产达效的五年内，实行“三免两减半”的奖励政策。扶持奖励金额，前三年参照项目公司缴纳企业所得税地方留成部分（留成比例为17%，国家法律法规及相关政策对留成比例调低的，则应相应调整奖励金额）的金额，等额扶持奖励乙方项目公司，后两年参照乙方项目公司缴纳企业所得税地方留成部分的金额，减半扶持奖励乙方项目公司。

“三免两减半”奖励政策理解与适用的解释权归甲方。

3.3　依据××市相关文件规定等，乙方项目公司享受市、区城市基础设施配套费及行政事业性收费优惠的政策。

3.4　乙方项目公司引进人才经管委会考核认定，按照从高不重复的原则享受省、市、区等相关人才引进和激励等政策。

3.5　乙方项目公司在投产达效后应将上市计划纳入公司发展规划中，在具备上市条件后，须确保上市挂牌的发行主体是在开发区注册的该项目公司，开发区将以更优惠的政策给予扶持，扶持政策双方另行签订合同约定。

第四条　甲方的权利和义务

4.1　甲方负责保证乙方取得的本合同项下土地的合法性，地块无未解决的法律纠纷如诉讼、仲裁或其他争端。

4.2　甲方负责协助乙方办理新公司所需的工商注册、税务登记、生产许可、经营资质、立项、安评、环评、能评、消防、工程报建、试生产及投产验收等相关手续，全方位服务项目建设。

4.3　甲方负责积极协调配合项目实现城市基础设施配套红线外就近接入，如将电力、道路、供水管道、通信等接通至厂区外规划红线处。

4.4　其他需要在合同中明确的甲方的权利和义务。

第五条　乙方的权利和义务

5.1　乙方新公司注册成立后，在甲方的协助下积极办理立项、环评、安评、规划设计等相关手续。

5.2　项目建设服从开发区整体规划要求，同时符合开发区的投资强度要求和亩均税收要求。在甲方积极落实本合同项下全部承诺的情况下，乙方确保完成本协议2.3项下承诺指标（该条款可重复描述）。

5.3　按照约定的建设内容、建设工期建设经营该项目。

5.4　乙方新公司作为该项目的实施主体，在本协议签署后的××日内开工建设，××日内投产。

5.5　乙方承诺本项目按照法律规定应缴纳至开发区的税费依法及时足额入库。乙方承诺在开发区辖区内持续经营纳税，投产运营后连续经营10年以上且不得作出任何影响其在开发区缴税额度的行为（包括但不限于工商、税务注册地址变更、财务统计变更、缴税主体变更、转移主营业务等行为）。

5.6　乙方新上该项目必须符合国家产业政策和环保、节能、安全等方面的要求，守法经营。

第六条　违约责任

6.1　甲方若没达到约定的服务承诺，给乙方及乙方新公司造成的经济损失由甲方承担，延误的建设期按照延误的时间顺延。

6.2　因乙方原因，未按约定的日期开工，造成土地闲置的，乙方须配合甲方按照《闲置土地处置办法》（中华人民共和国国土资源部令第53号）相关规定缴纳土地闲置费、无偿交回土地。土地开发建设面积比例超过1/3但不足1/2构成低效用地的，甲方有权按照证载用途评估价格收回土地使用权。非乙方致使项目不能按期开工建设的情况除外。

6.3　经甲方相关部门认定，乙方未能按照约定日期投产的，经甲方同意，可重新约定投产日期，最长不得超过6个月。乙方超出重新约定日期仍未投产的，由甲方按照土地出让价款的日万分之一收取违约金，违约金额总额不超过土地出让价款的20%。乙方当年亩均税收达标的，甲方同意不再追究乙方的投产时间违约责任。

6.4　项目达产后，项目用地的亩均税收（不含规费）未达到本协议约定标准的，甲方可以按照实际差额部分占约定指标的比例，要求项目方支付相当于同比例国有建设用地使用权出让价款的违约金，并可要求项目方继续履约。仍未达到约定要求的，甲方有权按照证载用途评估价格收回土地使用权。

经甲方相关部门认定，乙方投资强度未达到约定标准但不低于约定标准60%的，甲方可减半兑现给予乙方的奖励扶持政策；低于约定标准60%的，甲方可全部取消给予的奖励扶持政策。乙方投资强度虽未达标，但当年亩均税收指标达标的，甲方不再追究项目方的投资强度违约责任。

6.5　如乙方未征得甲方书面同意擅自将房屋对外出租、出售，或者进行股权转让、增资扩股等致使丧失控股权或者实际控制人资格的，甲方有权追回乙方和乙方项目公司因此获得的相关收益。未征得甲方书面同意，擅自改变经营范围，导致经营范围发生重大变更的，甲方有权追回乙方和乙方项目公司因此获得的相关收益。

第七条　不可抗力

7.1　任何一方对由于不可抗力致使本合同部分或全部不能履行的，当事人不承担责任，但应在条件允许下采取一切必要的补救措施以减少因不可抗力造成的损失。当事人迟延履行后发生不可抗力的，不能免除责任。

7.2　遇有不可抗力的一方，应在48小时内将事件的情况以信件、电报、电传、传真等书面形式通知另一方，并且在事件发生后15日内，向另一方提交合同不能履行或部分不能履行以及需要延期履行理由的报告。

第八条　通知和说明

8.1　本合同要求或允许的通知和通信，不论以何种方式传递，均自实际收到时生效。

8.2　在订立本合同时，甲方有义务解答乙方对于本合同所提出的问题。

8.3　甲、乙双方要认真遵守本合同条款，不得外泄协议条款，任何一方如有违约（不可抗力除外），均须赔偿守约方因此遭受的损失。（签约双方具体约定）

第九条　争议的解决

9.1　本合同订立、效力、解释、履行及争议的解决均适用中华人民共和国法律。

9.2　因履行本合同发生争议，双方应当友好协商解决，协商不成，可向甲方住所地人民法院起诉。

第十条　附则

10.1　合同的附件、甲方批准的项目可行性研究报告及项目规划方案、公司设立的验资报告是本合同不可分割的组成部分，与合同具有同等的法律效力。

10.2　签订合同后，双方未尽事宜，双方可签订补充合同，补充合同与本合同具有同等的法律效力。

10.3　本合同正本壹式肆份，甲乙双方各执贰份。自双方签字、盖章之日生效。

该协议模板内容较为完善，包括项目落地全流程所涉及的事项，涵盖对可能发生的问题的解决方案，比如，优惠政策兑现的具体时间表，政府对项目建设的持续服务，项目方建设、运营、纳税未达到要求的救济措施等，可供与项目投资相关的广大从业者参考学习。

四、引进项目的评价

如前所述，企业（投资者）对项目评价主要是考虑经济利益，着重核算经济价值，政府对项目的评价则综合考虑各种因素，经济核算是其中一方面。重大项目评价涉及方面更多、更复杂，比如，对地方经济的贡献，不仅衡量项目自身，还包括产业带动作用、吸引产业链上下游企业集聚等；对社会的综合影响，涉及就业、环境保护等。这类项目一般要聘请第三方机构进行专业的综合评估。实践中重大项目都是采用“一事一议”方式，很多地方政府都有成立“一事一议”办公室这样的内设机构，专门负责此类事宜，足见其重要程度。

关于政府对项目的综合评价，苏州市政府在2017年就制定出台了《苏州市工业企业资源集约利用综合评价办法（试行）》（以下简称《办法》），指导下辖各市、区、开发区科学评价工业企业资源集约利用水平，用市场和行政相结合的手段引导企业提质增效，推动经济转型升级。《办法》建立了综合指标评价体系，涉及的指标及权重为：亩均税收（权重30%），亩均销售（权重20%），全员劳动生产率（权重不低于10%），研发经费占销售的比重（权重不低于10%），单位能耗增加值（权重不低于10%），单位主要污染物增加值（权重不低于10%）（后四项指标具体权重由下辖各市（区）自行确定）。各市（区）将企业综合评价得分从高到低排列，按一定比例范围分成 A、B、C、D 四类。A 类（优先发展类）：综合评价得分排在前 20%；B 类（支持发展类）：综合评价得分排在 20%~60%；C 类（提升发展类）：综合评价得分排在 60%~95%；D 类（限制发展类）：综合评价得分排在后 5%。该体系是对现有企业的评价，实际上对招商引资项目起导向作用。

近年来，招商引资项目要求政府财政支持的情况越来越多，此时政府方对项目的经济核算更加必要，有助于科学决策，避免给国有资产造成损失。普通项目经济核算主要由招商部门进行，一般采用简单、易于计算和理解的指标来衡量，比如投资回报率、投资回收期等。由于项目初期的几年内没有进入正常生产经营，为政府创造的效益（税收）不稳定，而且政府的投入（优惠政策）通常也是分年度进行的，投资回报率指标计算不方便，因而使用投资回收期指标相对较多，核算方法是计算项目投资回收期，然后将其与预期值进行比较、做出判断。投资回收期预期值与地方政府当时的整体财政状况、拟引进的项目质量等因素有关，财政状况好、项目影响力大、产业带动作用强，则预期值可长，反之则短。

投资回收期分静态投资回收期和动态投资回收期，静态投资回收期计算比较简单，投资回收期=投资总额/年现金流入量，投资总额是政府各种优惠政策投入总额，年现金流入量指的是项目每年为地方政府创造的财税收入，一般体现为企业所得税、增值税等的地方留成部分。该公式仅适用于每年现金流相同的情况，大多数情况下，新项目没有进入稳定达产期，每年现金流不同，这时候公式调整为，静态投资回收期=累计净现金流量开始出现正值的年份数-1+上一年累计净现金流量的绝对值/出现正值年份的净现金流量。简单说就是，将每年财税留成收入累计，当其大于优惠政策总投入额时的年份为 n，投资回收期数值的整数部分即为该年份的上一年（n-1），小数部分=该上一年（第 n-1 年）累计现金流量的绝对值/出现正值年份（第 n 年）

的净现金流量。静态投资回收期的缺点是没有考虑资金的时间价值，尤其是需要累计较长时间的现金流时，更加不准确，所以很多时候地方政府决策者仅仅用它来定性分析，与自己的预期比较。动态投资回收期的计算则是考虑了资金的时间价值，将每年的净现金流（年度财税留成收入为现金流入，正值；优惠政策投入为现金流出，负值）进行贴现，动态投资回收期=累计贴现值出现正值的年份数-1+上一年累计贴现值的绝对值/出现正值年份的现金流贴现值，计算公式与静态投资回收期类似，只是需要对现金流进行贴现而已，由于政府的优惠政策大多通过政府平台来兑现，贴现率一般选择用平台的融资成本。实际工作中政府部门招商人员通常借助 Office 办公软件（Excel 表格）来进行贴现值（动态投资回收期）的计算，简便易行。对于通常项目，投入在初期，收益则是逐年实现，在考虑了资金的时间价值情况下，计算出的动态投资回收期比静态投资回收期要长。

以下用某经济开发区对其引进制药项目的测算作为案例，对投资回收期计算进行具体介绍。

该项目投资者设立生产项目的同时设立贸易公司，两个独立法人。设立贸易公司的目的：一是匹配其生产项目为未来营销需要，二是贸易公司投入运营快，可以快速为地方做出经济贡献，用来对冲生产项目要求的优惠政策。生产项目租赁开发区现有厂房，八年后项目方回购。政府的优惠政策包含三部分：生产项目前五年产生的企业所得税及增值税地方留成部分予以财政补贴；前八年项目贷款贴息支持；厂房免租金八年。

政府投入部分计算：扶持政策（政府投入，属于现金流出）为年贴息额 2750 万元及应收租金 436.8 万元，八年共计 25494 万元（静态）。贴现率按政府平台融资成本 6%计算，净现值为 19789 万元；政府收益（现金流入，来自税收地方留成）计算相对复杂一些，见表 6-1“××项目对开发区经济贡献测算表”（Excel 表格生成），本案例计算了从项目设立第一年下半年到第十一年上半年共十年的现金流入。表中第二列为预计销售收入，地方留成的源泉是引进项目的生产经营，销售收入预测是重要依据，有时地方政府和项目方的落地协议中还会就此签有对赌条款；第三列为基于销售收入预测的税收，包括贸易公司和生产项目，税种包括企业所得税、增值税、增值税附征、印花税；第四列为基于前列税收数据计算的地方留成（扣除了按优惠政策给项目的财政补贴，属于现金流入），合计分列对每年的现金流入进行小计，最后一列是贴现后的净现值。

表 6-1 ××项目对开发区经济贡献测算表 单位：万元

年度	预计销售收入	实现税收			奖励后地方留成			
		税种	贸易公司	生产项目	贸易公司	生产项目	合计	净现值
第一年下半年	25000	企业所得税	120	200	38	0		
		增值税	420	700	168	0		
		增值税附征	58	97	58	97		
		印花税	2	3	2	3		
		小 计	600	1000	266	100	366	
第二年	70000	企业所得税	320	1000	102	0		
		增值税	1120	3500	448	0		
		增值税附征	155	485	155	486		
		印花税	5	15	5	14		
		小 计	1600	5000	710	500	1211	
第三年	130000	企业所得税	640	1000	141	0		
		增值税	2240	3500	672	0		
		增值税附征	310	485	124	194		
		印花税	10	15	4	6		
		小 计	3200	5000	941	200	1141	
第四年	180000	企业所得税	1000	1000	220	0		
		增值税	3500	3500	1050	0		

续表

年度	预计销售收入	实现税收			奖励后地方留成			
		税种	贸易公司	生产项目	贸易公司	生产项目	合计	净现值
第四年	180000	增值税附征	485	485	194	194		
		印花税	15	15	6	6		
		小　计	5000	5000	1470	200	1670	
第五年	250000	企业所得税	1400	1000	308	0		
		增值税	4900	3500	1470	0		
		增值税附征	679	485	272	194		
		印花税	21	15	8	6		
		小　计	7000	5000	2058	200	2258	
第六年	375000	企业所得税	2000	2000	440	220		
		增值税	7000	7000	2100	1050		
		增值税附征	970	970	388	388		
		印花税	30	30	12	12		
		小　计	10000	10000	2940	1670	4610	
第七年	475000	企业所得税	2400	2000	528	220		
		增值税	8400	7000	2520	1050		
		增值税附征	1164	970	466	388		
		印花税	36	30	14	12		
		小　计	12000	10000	3528	1670	5198	
第八年	550000	企业所得税	2600	2000	572	220		
		增值税	9100	7000	2730	1050		
		增值税附征	1261	970	504	388		
		印花税	39	30	16	12		
		小　计	13000	10000	3822	1670	5492	
第九年	650000	企业所得税	3200	2000	704	220		
		增值税	11200	7000	3360	1050		
		增值税附征	1552	970	621	388		
		印花税	48	30	19	12		
		小　计	16000	10000	4704	1670	6374	

续表

年度	预计销售收入	实现税收			奖励后地方留成			
		税种	贸易公司	生产项目	贸易公司	生产项目	合计	净现值
第十年	765000	企业所得税	4000	2000	880	220	(28320)	
		增值税	14000	7000	4200	1050		
		增值税附征	1940	970	776	388		
		印花税	60	30	24	12		
		小　计	20000	10000	5880	1670	7550	
第十一年上半年	450000	企业所得税	2200	1000	484	110		(24578)
		增值税	7700	3500	2310	525		
		增值税附征	1067	485	427	194		
		印花税	33	15	13	6		
		小计	11000	5000	3234	835	4069	
总计			99400	76000	29554	10385	39939	25676

静态投资回收期计算：简单地用 Excel 表格功能可以得出，累计留成收入经过九年可达到 28320 万元（括号内的数字），大于累计政策投入 25494 万元，累计净现金流量为正值，因此静态投资回收期的整数部分为 8 年，经计算，静态投资回收期约为 8.6 年。

动态投资回收期计算：Excel 表格功能同样轻松计算出现金流入的净现值，净现值一列中括号内的数字 24578 万元是前十年留成收入累计贴现值，此时收入贴现值大于累计政策投入贴现值 19789 万元，累计净现金流量现值为正，因此动态投资回收期的整数部分为 9 年，经计算，动态投资回收期约为 9.1 年。本案例中政府优惠政策分八年逐年等额兑现，而留成收入是逐年增加的，所以计算出来的动态投资回收期比静态长。通俗地讲，就是支出每年相同而收入后面年份比例较大，后面的钱不如前面的钱值钱，这就导致了动态投资回收期较长。

以上是政府对一般项目的经济核算实例，通过该案例读者也可了解到地方政府引进项目的收益（税收留成）来源于哪些税种。如前所述，对于重大项目，尤其是外部性强的项目，则需要组成专家小组，就城市影响力提升、就业拉动、相关产业带动等另行评价。

五、开发区与招商引资

广义地讲，开发区是一个国家或地区划定的一个区域，政府集中财力打造、改善该区域的基础设施，对该区域的经济主体赋以特殊优惠的政策，实施便利化管理模式、手段，从而吸引外部生产要素进入，加快区域内产业发展，进而带动国家或地区的经济发展。根据设立目的和政策措施不同，开发区有多种类型。比如为了鼓励进出口贸易，带动外向型经济发展，而设立自由港（自由贸易区），赋以产品进出口零关税等政策；为鼓励大进大出生产型企业发展，设立出口加工区，赋以产品进出口及生产设备进口零关税政策；为扶持产业加速集聚，设立经济技术开发区，赋以企业所得税优惠等政策；为加快高新技术产业发展，设立高新技术产业开发区（科学园区），赋以企业所得税、研发方面优惠政策。有个说法是世界上第一个自由贸易区是爱尔兰依托香农机场中转便利建立的香农自由贸易区，从免税贸易起步，发展为出口加工区。随后从20世纪60年代开始，亚洲国家纷纷设立出口加工区等各类开发区。我国开发区从1984年国务院批准第一批国家级经济技术开发区开始，经历了蓬勃发展，截至目前我国有国家级经济技术开发区超过200家，国家级高新技术产业开发区约170家，另外还有大量省级各类开发区。开发区的管理模式主要是政府主导，设立开发区管理委员会作为政府派出机构，负责开发区运营管理、企业服务。也有少数开发区是公司化运营，比如，上海的漕河泾经济技术开发区、紫竹高新技术产业开发区是公司化运营的典范，分别在国家级经济技术开发区和高新区历年排名中都位居前列。

我国开发区经过30多年的发展，为国家及地方经济做出巨大贡献，开发区的显著特点是经济社会发展带动作用明显，体现为区域内产业增量显著（招商引资企业增量起主要作用）、GDP增长率高、占所在城市的GDP比例高，对中央及地方财政贡献高，吸收外资、对外贸易远高于平均水平，社会环境建设优良，是科技创新主阵地。这就是为什么各国、各地政府都高度重视开发区的发展，赋予了更多的政策、更多的资源。开发区的设立初衷、发展历程、取得的成就，每一步都离不开招商引资，政府对开发区的管理也在实践中不断优化，比如，明确管委会主责主业就是招商引资、下放审批权限尤其是经济管理权限，以提高行政效率、委任经济工作经验丰富的干部、强化招商引资队伍建设等，正像很多城市领导所说，“开发区是招商引资主战场！”

六、招商引资之外商直接投资

1978年十一届三中全会以后，我国确立了社会主义市场经济体制的基本框架，开始了一系列经济改革，实施改革开放战略，此时的经济处于短缺状态，普遍性的短缺为企业发展提供了机遇窗口，是企业盈利的黄金时代。20世纪80年代后期，随着我国对外开放不断深入，投资环境逐渐改善，境外跨国公司越来越多地进入我国寻求机会。由于我国企业此时缺乏对外合作经验，各地方政府纷纷完善机构设置（1982 年 2 月 22 日五届全国人大常委会举行第 22 次会议，通过了《关于国务院机构改革问题的决议》。将进出口管理委员会、外国投资管理委员会、对外经济联络部和对外贸易部合并，设立对外经济贸易部），成立对外经济贸易委员会，引导、帮助中方企业开展对外合作，政府主导的招商引资活动随之蓬勃兴起，因此可以说，我国招商引资是伴随着外国直接投资一路走来的。随着我国产业不断发展完善，经济逐渐进入成熟期，表现为“过剩经济”，地方政府发展经济压力越来越大，对内资的招商引资活动也越来越多，但这丝毫不改地方政府对外商直接投资的青睐。相对于内资，吸引外商直接投资受重视程度高有以下几个因素：

（1）外商直接投资结构较好。从 2022 年我国实际利用外商直接投资情况看，全年 1890 亿美元总额中，行业占比依次为，制造业 497 亿美元，占 26%；租赁和商务服务业 331 亿美元，占 17%；科学研究、技术服务和地质勘查业 302 亿美元，占 16%；信息传输、计算机服务和软件业 239 亿美元，占 13%①，见图 6-1。制造业、科研及信息技术类合计占 55%，这些行业的项目属我国鼓励发展类，相对来讲，带动就业多，创造税收高，对地方经济贡献大。

（2）总体上讲，跨国公司运作相对规范，与地方政府招商引资合作过程中信用成本较低。

（3）跨国公司投资选址时，对东道国当地营商环境、市场化程度等因素的关注优于对政府补贴等优惠政策的关注，地方政府财政压力相对小、引资成本低。

（4）地方政府对于引进外商直接投资在规模上、结构上有明确的指标考核，与政绩挂钩。

---

① 以上数据来自国家统计局网站。

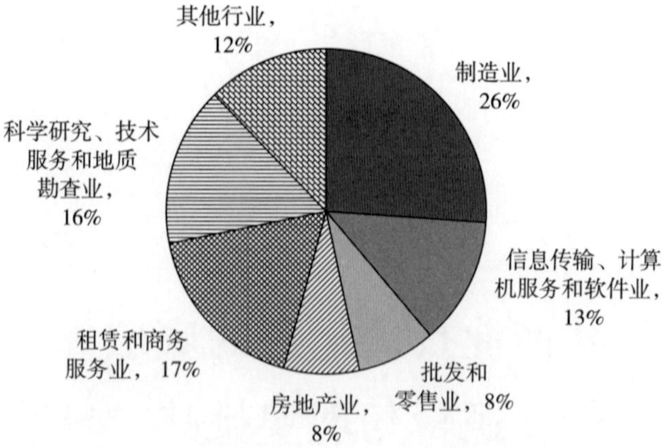

图 6-1　2022 年实际利用外商直接投资行业结构

为此，有的地方政府在对外资招商引资的措施和做法上有“超国民待遇现象”，比如，有的地方出台鼓励投资政策，对于外商实际投资额达到一定规模，或投资于地方鼓励类产业，或投资方是世界 500 强企业的，给予一定资金奖励，而内资投资企业则享受不到。这类措施有时遭到诟病，但其实地方政府出于对地方的综合贡献和影响力考虑，也并不违背公平原则。

第七章 产业投资运行的底层逻辑与现实挑战

世界上任何事物都有生命周期，这是自然法则。前面说过，产业投资以项目为载体，有的项目投资后迅速爆发，创造效益，有的经营不善，不能为投资者创造预期收益，有的甚至夭折。虽然项目的生命周期细节各不相同，但通常可用图 7-1 的曲线来概括表示。

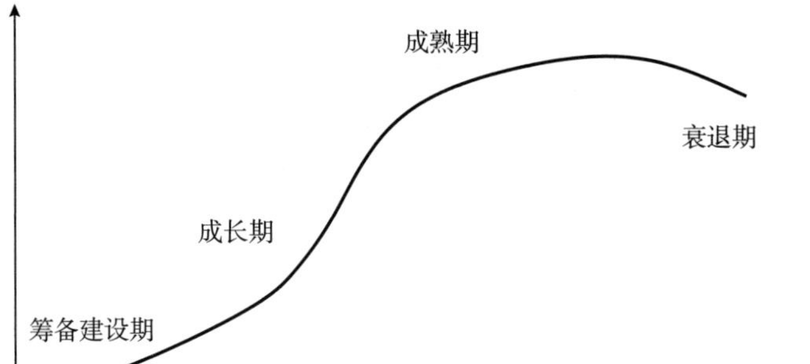

图 7-1　项目生命周期曲线

筹备建设期：这是项目从无到有的时期（技术改造项目除外），此时实体企业作为项目发起人，是主要角色，贯穿项目选址、论证、决策、实施等各环节。项目落地地方政府是该时期另一重要角色，提供落地政策及项目审批、建设等有关行政服务。实践中，落地政策措施主要有：要素成本，比如土地价格优惠，有时甚至零地价；财政补贴，比如物流成本补贴、项目创造税收地方留成部分的返还[①]、租赁费补贴等；政府对项目进行配套投资；代建厂房等。有的项目在该时期即有投资机构参与，作为企业的合作投资方。有的项目有中介机构介入，比如为企业选址论证提供服务，包括但不限于选址调查、制作项目可行性研究报告（商业计划书）等。

成长期：项目竣工投产后逐渐走入正轨，开始产出效益并逐渐壮大。根据项目经营进展及所处行业情况，该时期可能有原股东追加投资或新的投资者加入，后期也有的项目（公司）会考虑公开发行上市，新投资者加入及发行上市都会伴有中介机构介入，发行上市则需要有牌照投资银行（券商）介入。

成熟期：此时项目经营相对稳定，能够为股东创造投资收益。该时期有可能有兼并收购行为发生，则会有中介机构介入。

衰退期：项目自身经营不佳或项目所处行业随着社会发展前景黯淡，收益逐渐下降直至亏损，此时项目需要新的投资进行升级改造或者被并购，行业前景黯淡的情况则直接项目退出。被并购时通常有中介机构介入。

在项目投资的全生命周期里，各参与方有着不同的核心逻辑。企业的投资背后往往载有企业家精神，其底层逻辑围绕降低要素成本、赢得行业竞争地位展开；外部投资者（投资机构）的底层逻辑体现其背后资本追逐利润，围绕项目定价展开；中介机构的底层逻辑围绕交易价值发掘展开；政府的底

① 即曾经俗称的税收“免二减三”甚至“免三减五”等，随着国家政策对税收优惠减免政策进行规范，地方政府普遍改为根据对地方的税收贡献额进行财政扶持。

层逻辑围绕服务公共利益、拉动经济增长（与 GDP 指标相关的要素）展开。产业投资实际运行中，各参与方在各自领域面临激烈竞争，各方之间同时存在合作与博弈。如果把产业投资看作一个行业，现实中常常存在的情况是，各方对自己的逻辑执行很到位，忽略了整个行业的逻辑融合。

企业（项目发起人）：在所属产业领域内进行实业经营，市场竞争残酷激烈，企业自身为赢得市场、提升竞争地位、做大做强，或为企业生存、扭转生产经营不利局面而进行项目投资，其对于企业发展的重要性不言而喻，且项目投资完成后的持续经营还是以企业（项目发起人）为基础，这就是为什么说企业是项目投资的载体和核心主体，离开企业经营，就谈不上产业投资。然而，实际中常常存在的情况是，企业（项目发起人）平时忙于生产经营管理、开拓市场，加上对自己的企业、自己的项目带有深深的感情（“创一代”更是如此），在项目投资需要对外沟通合作时，常常不了解其他参与方（外部投资者、中介机构、政府）的规则与逻辑。比如，引进外部投资者时，对投资者研究不足，引资条件要价过高，或者面对外部投资者的尽职调查、价值评估时，不理解对方追求真实价值的逻辑，觉得尽职调查麻烦，甚至涉及企业隐私，产生反感，不配合相关工作，实践中因此而投融资失败的例子比比皆是。

投资机构：受背后资本的限制，过于关注自身投资回报，很多私募股权投资基金热衷于追风口、抢赛道，在“资产荒”的竞争背景下，大量精力用于拼关系以进入公认的“好项目”，而不是拼产业洞察力。对产业的理解把握不够，对实体企业经营不是真心感兴趣，与企业做不到贴心沟通，造成错失投资机会或投后管理跟不上。

中介机构：中介机构同质化经营是行业规范的需要，常规业务不能过于创新，但专业化能力的提升无止境，需通过高度专业化来挖掘交易的共同核心价值，促进交易便利化。实践中有少数中介机构忽视自己作为项目投资参与方的底层逻辑，在协调交易各方时，有意或无意地忽视、淡化委托人或其对手方的核心利益，一味追求交易达成，给后续工作留下麻烦。

政府：随着我国经济社会发展、产业日趋完善，投资机会已不像改革开放初期时俯首皆是，加之近年来我国仍处于经济转型期，地方政府经济发展压力大，导致招商引资竞争日趋激烈。改革开放初期的招商引资，地方政府只需要搞好“七通一平”等基础设施，招商人员在各种投资贸易洽谈会等活动中与外商结识，引导其到本地来访考察，往往就成功了一大半。洽谈会活动中，有时招商人员等待白天会议结束，晚上到客商下榻酒店房间敲门，递上城市简介等招商材料、互相结识，就会有感兴趣的客商在会后现场考察，这就是“叩门招商”的由来。后来逐渐发展到软环境招商（政府完善投资软环境）、政策招商（税收优惠）、产业招商（产业配套、生态打造）、基金招商（政府基金配套投资）……如果把招商引资看作一个行业，与其他行业一样，激烈的竞争造成三种现象，价格战、内卷、创新。招商引资价格战就是政府拼优惠政策，比谁的补贴多，造成恶性循环。不光我国如此，国际上招商引资竞争也面临同样情况。比如，美国为吸引世界知名某电子制造业巨头在美投资设厂，承诺给出的各种补贴合计高达小几十亿美元。后两种现象存在于招商引资具体工作中，内卷指的是政府相关部门及招商引资人员工作压力大、拼勤奋；创新则是要求政府招商跳出同质化竞争，走专业化、市场化的路子，按行业规则与逻辑行事，这方面一些招商引资先进地市已经取得了明显成效，比如合肥市，通过招商引资成功实现“产业逆袭”“芯屏汽合”[①]“急终生

① “芯”指集成电路产业；“屏”指新型显示产业；“汽”指新能源汽车和智能网联汽车产业；“合”指人工智能赋能制造业融合发展。

智”[①]，八大产业发展被传为佳话[②]，但也有相当多的地市还有艰苦的路要走，政府部门及招商人员局限于行政化思维及专业化程度欠缺，造成对市场同理心不足，招商引资工作手段、方式方法陈旧落后，自说自话却浑然不知的现象比比皆是。

上述来自实际工作的挑战，需要基于对产业投资行业的全面认知，跨越自身工作领域形成的固有思维来应对。

① “急”指城市应急安全产业；“终”指智能终端产业；“生”指生物医药和大健康产业；“智”指智能语音及人工智能产业。

② 名词解释来自合肥市发展和改革委员会网站答问知识库，http：//drc. hefei. gov. cn。

下篇

跨越思维范式

因为资源稀缺，导致了竞争的必然性。现实竞争中，价值体现于解决实际问题，收益来源于做成实实在在的事情。超额收益，来源于完成别人完成不了的事情。

项目投资也好、招商引资也好，本质是一个事情，在不同的角度下，各主体间充满着激烈竞争。项目投资是企业在自身经营活动和行业竞争中的战略选择，能否抓住投资机会并将此机会运作执行到位，直接关系到企业的经营成果、行业地位及长远发展；在“资产荒”的大背景下，投资机构能否深耕行业，形成独到的投资风格特点，是其核心竞争力的体现；中介机构能否持续不断地提高专业化服务能力与水平，在项目运作中挖掘价值亮点，为客户增加价值，是其生存、壮大的基础；政府招商引资活动已经渗透在社会各领域，竞争同样日趋白热化。在这场竞争中，作为市场主体，项目方及投资方，需要保持清醒头脑，从而有利于自身要素流动最优化。作为招商引资中介组织（招商引资活动中，政府招商相关部门可视作中介组织），更应该深刻理解和把握其中运行规律，有利于提供增值服务。不管来自或代表哪个利益相关者，都需要跨越自身固有的思维范式，站在更高的维度，看到整个项目投资行业的底层逻辑，按规律规则行事，才能与众不同，跳出同质化竞争，做到专业、创新、成功。

第八章
关于专业化与市场化

如前所述，招商引资（投资促进）是世界各国政府促进地方经济发展的通行做法，在我国，政府的招商引资到了深度参与市场经济活动的程度，既然参与，那就要从工作机制上遵从市场规律与规则，从行政行为上体现出专业化水平。对政府来讲，如何推动有效市场和有为政府更好结合，是一项不断进行中的命题。

一、遵从行业逻辑

正像引言中 N 市的例子，走市场化、专业化的路子在政府招商引资领域基本形成共识，如何走，则是众说纷纭，其中也不乏一些真知灼见，但是碎片化了。跨越固有思维，把招商引资看作一个行业，形成系统化的行业逻辑，在此基础上有助于明确专业化的方向与路径。

用行业分析的方法，对招商引资作为一个行业的行业结构分析如下：

行业属性（行业市场）——资本，尤其是产业资本。

行业参与者（利益相关者）——如本书第二章第四节“对项目投资有影响力的主体”图所示，企业、外部投资者、中介机构、政府机构（及其他非营利组织，有时招商引资参与者非常多，比如有的地方政府提出全社会招商引资并出台文件制定措施）。

目标客户——资本拥有者。

行业内竞争者——各地方政府（包括各类开发区）、有资金需求的经济主体。这两类竞争者有所不同，地方政府的招商引资是吸引资本投向本地区，注重向投资者营销本城市、本地区，希望投资者到本地区来发展，同时兼顾推荐重大项目作为地方产业的代表；经济主体的招商引资注重向投资者营销拟上马的项目，希望能得到投资者的认可，辅助介绍所在城市的优良环境作为项目融资的加分项。

政府的行业定位——中介机构，可以对标成投资银行。其核心业务是促进资本向本地区流动（招商引资），收益是地方经济发展、人民生活水平提高、财政收入增加。视作投资银行，其有两大核心部门：一是招商引资主管部门，各地方政府略有不同，有的是职能归属商务局、发改委等部门，有的是专门职能部门像招商局、投资促进局、投资委员会等；二是近年来各地政府为了加快产业发展、配合重大项目招商引资成立的产业投资平台，这相当于投资银行的直接投资子公司。

政府看作一个中介机构与行业市场中普通中介机构有相当不同，有其独特优势：对一些生产要素有决策权或重要影响力、与生俱来的公信力（当然有时被少数不诚信做法损害）；缺点是市场化、专业化不足，招商引资过程中时常不理解、不尊重行业逻辑，自说自话。

走专业化的路子涉及很多方面，核心是决策机制专业化，决策机制专业化并不是将项目简单地交由专家说了算，而是政府决策要通过专业化实现科学化。决策机制专业化是导向，统领整体招商引资工作的专业化方向，同时也向社会释放了信号，有助于减少道德损害情况的发生。实践中不少地方政府成立重大项目决策委员会，配备有专家智库，一是为政府研判项目提供专业支持，二是每次重大项目决策都吸纳相关专家参加，按决策程序和规则对拟落地项目进行科学决策。决策委员会下设办公室负责日常运行工作，设在招商主管部门。办公室的作用非常重要，机制的关键靠执行，否则可能逐渐流于形式。

回到N市的例子中，转眼临近年底了，范局长紧锣密鼓做好全年工作收官的同时，也带领招商局经过几个月细致深入的调查研究，提出了一整套完善、强化全市招商引资工作的方案，内容涉及营商环境优化、主导产业生态打造、土地等项目要素统筹保障、项目协调服务机制、城市营销及招商推广活动、招商引资队伍建设、领导及决策机制七个方面，为下一年度明确了目标任务及工作措施，并将责任落实到具体部门。方案上报后，市委、市政府印发文件实施，并提出来年为全市“招商引资提升年”，剑指全市经济以招商引资为驱动再上台阶。制度和机制有了，如何走得好，要靠实践中不断探索、总结、完善，更重要的是，招商引资是一个系统工程，不是一蹴而就的，需要全市上下一以贯之。祝福范局长及其团队，祝福N市！

二、提高复合能力之于政府招商引资人员

这里所说的政府招商部门人员是指所有与招商引资相关的体制内人员，包括前述政府投资平台。政府投资平台是财政发起的国有独资企业，政府对其按照体制内管理，企业管理人员尤其是高管大多由组织从政府机关选派任命，他们比招商部门人员更直接地参与市场活动，但是他们大多在政府机关从事行政工作多年，自身养成了行政思维习惯。因此，跨越原有的思维范式，提高专业化水平，从而形成复合能力，是核心关键。引言中孟部长遇到的困惑，其实是双方的问题，吴处长、李副处长也要提高认知，跳出固化思维范式，读懂企业、读懂项目。

1. 专业化知识的积累与能力培养

在招商引资中政府对标为投资银行，那么招商人员要对标为投行的投资经理，首先，专业上要学习经济、金融、财务、管理、法律等多方面知识。对于大多数人来讲，抽出长时间专门学习不现实，重要的是培养实时学习、快速学习的能力，结合项目运作学习与积累，有针对性地逐渐形成知识体系。其次，实际工作中要像企业一样去考虑降低经营成本，像投资者一样去做项目研判与估值，像中介机构（投资银行）一样去发掘交易价值机会，才能逐渐养成招商引资的市场化思维，练就专业技能。最有效的途径是针对具体项目，从制作商业计划书入手，从市场化、专业化的角度策划包装项目，能够比较快速地培养行业眼光、专业思维。最后，借鉴市场营销的理念、方法、手段去投资推广。作为政府招商引资人员，宣传自己的城市则为城市营销，

让投资者认同该城市，愿意到这个城市寻找机会、投资发展。作为企业招商人员，则是针对自己需要外部融资的项目进行项目营销，让投资者认同该项目的市场机会与盈利性，参与投资。这方面具体细节我们在第十章新手法则中有深入讨论。

2. 树立新型政商关系理念

政商关系是一个老话题，政府与企业家相互依存、职责各异。企业是国民经济的细胞、直接创造社会经济价值的主体，为当地就业税收做出贡献。

2016 年 3 月 4 日，习近平总书记参加全国政协十二届四次会议民建、工商联界委员联组会时，提出要构建新型政商关系，为政商关系做了清晰定位。他指出，新型政商关系，概括起来就两个字："亲""清"。这两个字是新型政商关系的方向、道路，真正走起来，需要每个公务人员认真体会与实践。

3. 要能够在行政化思维和市场化思维间实时切换

政府是指国家权力的执行机关，其行为一般以公共利益为服务目标，而企业是从事经济活动的组织，一般以营利为目的。在政府工作的公务人员，出发点是公共利益，需要行政思维；企业从业人员在市场竞争中打拼，出发点是获取经济效益，必须有市场思维，否则无法生存。实际工作中，两种思维冲突的例子比比皆是，政府人员缺少市场化思维，企业人员不理解行政化思维，甚至两种思维下价值观不同都会导致工作沟通中的矛盾冲突。

由此，政府部门招商人员需要具有两重角色，一方面在政府机关从事行政事务，必须有行政思维才能做好工作；另一方面从事招商引资工作与企业打交道，又必须有市场思维，否则无法与投资者无障碍沟通。

第九章 投资很简单但是不容易

“Investment is simple，but not easy（投资很简单，但是不容易）”，这句名言来自投资大师沃伦·巴菲特，寓意深刻。从项目投融资的角度来理解，则是要我们的经济主体，企业、投资机构、中介机构，打破常态化思维、跨越自身职业领域的思维范式，很多时候这不容易做到。

一、在不缺钱时进行外部融资

在不缺钱时融资？听起来荒谬，似乎违背常识，其实这是企业发展周期规律使然。类似前述项目生命周期曲线，图 9-1 是企业生命周期曲线。理论上讲，企业发展需要经历四个阶段，初创期、成长期、成熟期、衰退期。企业是靠销售产品（服务）生存的，这四个阶段同时与该企业主导产品的生命周期相伴随（产品的生命周期同样经历四个阶段，市场导入期、成长期、成熟期、衰退期）。

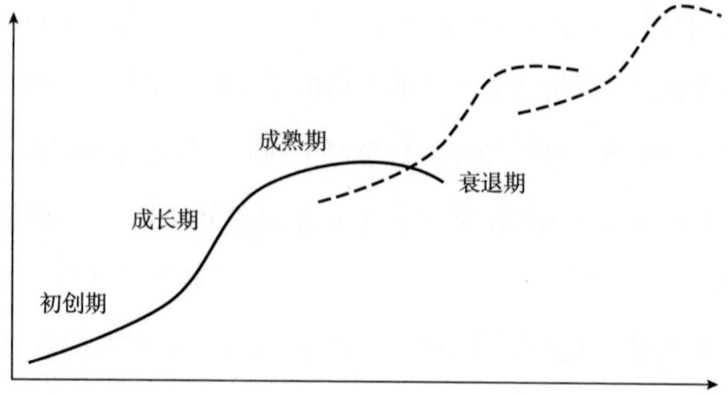

图 9-1　企业生命周期曲线

初创期：企业成立初期，经营管理有待完善，产品尚需得到市场认可。

成长期：市场对企业产品已有认识，市场快速扩大，企业销售额和利润增长较快。

成熟期：产品所处行业市场趋于饱和，难以持续增长，行业内竞争激烈，有一定市场地位的企业能做到销售收入相对稳定，实现行业平均利润率，为股东创造利润。行业内收购、兼并不断出现，许多低于行业平均利润率的中小企业退出。

衰退期：企业产品市场逐渐萎缩，销售收入逐渐下降，利润逐渐微薄直至亏损。这其中一种情况是因为行业规模难以增长甚至逐渐缩小，竞争日趋激烈，企业产品没能实现升级、缺乏生命力，企业经营微利导致资产负债表不健康，抗风险能力差，在行业周期波动进入低谷时被淘汰；另一种情况是行业革命导致整个行业消失，企业未能与时俱进、适时开发新产品、进入新市场。

企业的四个阶段对资金需求各有不同。初创期企业的资本来自自有资金或风险投资（亦即创业投资，包括天使投资，天使投资归属为风险投资的一种形式），在我国，由于风险投资体系还不是很发达，大部分初创企业的投资来自创业者自己的资金或向亲戚朋友借的钱，很少部分来自风险投资。成长期企业经营开始进入良性循环，自身产生利润，但业务迅速扩张同时带来资金需求，此时通常采用收益留存（不分红或少分红）、债权融资（银行贷款）、股权融资（各类投资机构）等途径解决。成熟期企业具有相当的盈利能力，现金流充足，很多企业觉得日子过得很好，外部债权融资还得付利息、股权融资还得分红，不如自身内部循环来得好。有些大型企业可能会借助并购基金对外并购扩张。衰退期的企业通常经营现金流为负值，此时信用下降，外部融资几无可能，需要战略重组（股权重组、债务重组、被并购等）才有可能焕发生机。许多企业遵循常规思维，等到经营困难、缺钱时再去寻求外部资金支持，殊不知缺钱就意味着风险加大，资金拥有者自然规避风险，此时发现用尽人脉资源还是四处碰壁，悲观地感叹："缺钱时没朋友！"

从上述四个阶段看，最不缺钱的是成熟期企业，但恰恰此时融资正当其时。首先，重要的是，企业要想跳出生命周期的魔咒、避免企业进入衰退风险，则需要不断有新产品、新项目，生命周期曲线叠加（如图 9-1 所示，虚线线段所示为新产品、新项目的生命周期曲线），才能保证永续经营、企业之树常青，打造所谓"百年企业"。此时企业经营者要有远见，在微观上立足自身生产经营、中观上洞悉行业规律、宏观上看清经济大势，积极稳妥地开展项目投资（包括技术改造、产品升级换代、上马新项目、对外并购扩张等各种适合的方式），根据项目投资需要考虑融资。其次，除了上述战略上未雨绸缪，谋划新项目投资发展外，由于成熟期企业信用良好，融资时讨价还价能力强，此时债权融资利息成本低、股权融资自身估值高，可考虑通过外部融资形成稳健的财务结构，一旦风险发生，有较强的抵御能力。

二、自身需求与投资者特点匹配的功课

选资金就是选合作伙伴，资金的来源不同、诉求不同、对企业的影响不同，尤其是股权融资，资金进来的同时也伴随着资金拥有者意志的抵达，合理搭配融资结构对企业经营发展至关重要。实践中，要对企业自身投资项目资金需求进行详细分析，然后结合投资领域投资者现状特点制定融资建议方案，该方案是方向性的，用于指导下一步投融资工作开展，随着对外谈判，具体内容可以有所变化。

回到第一章的案例中，衡量再三，老郑的 HT 机械制造有限公司决定委托 DK 公司做融资顾问，DK 公司在调研、沟通交流的基础上，结合 HT 公司现有财务状况提出了初步融资建议方案。

1. 上马数控加工中心项目投资概算

基建投资（原有厂房扩建改造加部分新建）约 2900 万元，设备投资约 7200 万元，新项目不独立核算，预计流动资金在原有基础上增加约 3600 万元，其他费用预计 2000 万元，总投资约 15700 万元。

2. HT 机械制造有限公司财务状况分析

公司属于传统行业，且竞争格局基本稳定，公司近几年经营比较平稳，财务状况变化不大，因此以指标分析为主，以趋势分析为辅。上年度资产负

债表见表9-1，总资产约7.34亿元，净资产约3.51亿元；利润表（略）中，上年度营业收入5.36亿元，净利润约3797万元；现金流量表（略）中，经营活动现金流量净额约4542万元。公司目前股权结构为老郑及儿子持股87.2%，职工持股12.8%。从资产负债表数据看，资产负债率（总负债/总资产）52%算是合理区间，流动比（流动资产/流动负债）1.04与速动比（速动资产/流动负债）0.77不是很理想，但考虑到公司客户质量比较高，应收账款坏账风险小，总体结论是公司经营比较稳健。总资产收益率（净利润/总资产）5.2%、净资产收益率（净利润/所有者权益）10.8%、销售净利率（净利润/销售收入）7.1%，几项指标都比较低，说明企业盈利能力不强，主要原因是存在无效和低效资产以及产品低端、附加值低，这是典型的成熟期企业特点，公司需要尽快转型升级、提高产品附加值。

表9-1　HT公司资产负债表

时间：××××年××月××日　　　　单位：元

项目	期末余额	年初余额
流动资产：		
货币资金	97，107，631.66	92，986，566.98
应收票据	15，102，411.12	12，993，462.31
应收账款	153，559，881.16	161，861，749.67
预付款项	7，855，633.96	6，271，231.11
其他应收款	3，255，231.22	2，409，722.61
存货	92，653，045.38	91，323，188.92
其他流动资产	10，778，119.52	9，961，883.23
流动资产合计	380，311，954.02	377，807，804.83
非流动资产：		
长期应收款	2，766，959.33	2，766，959.33
投资性房地产	29，259，097.66	30，009，880.29

续表

项目	期末余额	年初余额
固定资产	200，790，413.21	186，361，401.39
在建工程	18，466，399.78	31，002，810.64
无形资产	69，219，913.52	53，028，702.35
长期待摊费用	5，233，122.50	4，969，288.78
递延所得税资产	11，989，612.28	12，363，249.34
其他非流动资产	15，861，263.51	11，666，213.11
非流动资产合计	353，586，781.79	332，168，505.23
资产总计	733，898，735.81	709，976，310.06
流动负债：		
短期借款	23，981，096.28	29，269，992.61
应付票据	160，746，386.91	151，662，345.23
应付账款	152，112，003.53	158，332，215.86
应付职工薪酬	17，078，699.11	16，881，229.10
应交税费	5，112，652.38	5，103，969.99
其他应付款	4，513，692.82	4，096，411.67
其他流动负债	729，741.64	609，389.42
流动负债合计	364，274，272.67	365，955，553.88
非流动负债：		
长期借款	11，136，719.55	11，173，785.93
递延收益	4，366，765.98	4，126，399.81
递延所得税负债	2，966，753.43	3，046，078.76
非流动负债合计	18，470，238.96	18，346，264.50
负债合计	382，744，511.63	384，301，818.38
所有者权益：		
股本	62，960，000.00	62，960，000.00
盈余公积	22，769，592.85	22，769，592.85
未分配利润	265，424，631.33	239，944，898.83
所有者权益合计	351，154，224.18	325，674，491.68
负债和所有者权益总计	733，898，735.81	709，976，310.06

3. 融资建议方案

债权融资：从公司资产负债情况看，对外债权融资空间不大，如果长期借款增加 1.43 亿元，资产负债率就达到 60%了，也还是满足不了项目资金需求。

股权融资：从公司股本结构看，可以对外股权融资。优势是公司团队经营能力强，有多年积累的行业客户基础，新项目投产后市场看好；劣势是公司所处行业太成熟，现阶段自身盈利能力不强，外部投资者吸引力不大，估值上不去，不过找到对该领域有偏好的投资者，股权融资可能性还是存在的。根据以上判断，预计股权融资估值不会高，所以现阶段股权融资额也不宜大，以免股权过度稀释，挤压了将来股权融资的空间。若释放 10%~15%的股权，以 10 亿元左右估值，股权融资的极限区间估计为 1.10 亿~1.76 亿元。

融资方向：综合衡量，初步考虑“股权融资+债权融资”，具体配比根据融资进展情况而定。债权融资考虑面向金融机构申请项目贷款。股权融资一是面向投资 Pre-IPO 企业的私募股权投资基金；二是鉴于公司良好客户基础，有针对性地商谈下游整机厂商战略投资入股可能性，如果对方有意愿，则是最好的伙伴选项，宁可入股条件低一些，老郑和他儿子非常同意这个方向；三是 DK 公司帮助跨国公司在中国投资设厂选址方面富有经验，积累了一些境外资源，手头已有同类领域德国公司意欲在中国寻找投资机会，但外资公司经常会要求做控股股东，这一点老郑和他儿子顾虑较大。但 DK 公司认为，事情都是发展变化的，不排除接触商谈的机会。

老郑公司与 DK 公司签订了非独家融资顾问协议，顾问期限暂定一年，到期后双方若无异议则自动按年继续。作为顾问服务第一步工作，DK 公司首先抓紧组织团队制作商业计划书，用于对潜在投资者沟通，商业计划书仅用了一个多月就完成了（商业计划书制作详见第十章第二节）。

三、成功中的产业力量

在DK公司协助下，HT公司很快与各类投资者展开接触洽谈，债权融资（项目贷款）比较好谈，几家金融机构都表示有兴趣，由于HT公司现有资信良好，进展也比较顺利，但具体内容需配合股权融资而定。股权融资这部分感兴趣的投资基金较多，他们反应也迅速，和DK公司签订顾问协议后短短两个月，HT公司就接待了7家基金公司来访考察。经过多轮沟通洽谈与双向选择，最终聚焦于两家，A基金是市产业投资控股集团下属的投资基金，熟悉本地情况，人脉资源丰富；B基金是国内一家头部投资基金，过往投资的项目较多，有对相关行业成功的投资案例。随着沟通深入，HT公司与基金的分歧尖锐起来，主要是关于估值。基金认为，HT公司商业计划书中对新产品前景预测过于乐观，销售收入翻番很难在三年多到四年内实现，这样的话贴现现金流量法估值的基础就大打折扣；另外，作为传统产业，在一级市场以超过26倍市盈率估值，简直就是笑话。老郑对此说法极为反感，认为基金经理这些年轻人根本不懂产业，更谈不上对产业未来的洞察，想当年自己带着公司一班人就是用三年时间把销售收入从两亿多元做到五亿多元，在业内站稳了脚跟。“做事业就得有坚定的信念、必胜的信心、舍我其谁的拼劲，才有可能成功，现在的年轻人缺乏锤炼。”老郑不满地牢骚道。

各方就此僵持不下。A基金对HT公司还是比较认同，就是认为估值高，提出估值降到5.7亿元左右，即市盈率15倍，还差不多可谈。老郑对此大发雷霆，拒不再见任何基金公司的来访者。B基金的情况也类似，只不过由于在外地，面对面接触没有那么频繁，没直接产生矛盾冲突，双方倒也没断了联系，联系内容大都是行业资讯、最近生产经营状况之类的，不涉及核心敏感话题。

事情进展貌似进入了冰冷期，各方联系没那么频繁了，来考察的基金也没那么多了，倒是中介机构 DK 公司一直不停地在各方之间斡旋，代表 HT 公司寻找着其他潜在投资者。这期间，DK 公司保持联络的潜在投资者不少，包括先前提到的德国公司、HT 公司下游客户 G 集团等，向他们发送了商业计划书。老郑也带领公司人员到访 G 集团，一是加强客户关系维护，二是表达了欢迎对方投资入股、共同发展的愿望。由于 G 集团是大公司，规模比 HT 公司大很多，又是客户，老郑这边也不便追着对方表态。直到有一天，老郑接到公司财务总监汇报，B 基金准备和 G 集团财务总监毛总一同来公司访问，商谈股权合作事宜。他们两家一起来有些出乎老郑意料，不过也觉得没什么，出于对客户 G 集团的尊重，老郑安排时间亲自接待。

老郑是个直接的人，客人来访座谈时，一开始，他便问 G 集团毛总为何他们两家一起来，毛总也没有丝毫隐瞒。原来，B 基金在全国投资的项目多，成功上市的项目也较多，由此积累了很多券商资源。B 基金从该项目商业计划书中了解到 HT 公司与 G 集团的密切关系，G 集团又是上市公司，便通过其上市辅导券商介绍对接，两家于是走到了一起。B 基金做到这一点，也做了相当多的功课，对于 HT 公司项目的看法和 A 基金大体一致，主要也是吃不准项目新产品的前景预测，虽然商业计划书附件中有与 G 集团的战略合作协议，提升了产品市场预期，但还是觉得不确定性较大。经过对行业深入调研分析，B 基金了解到，工程机械行业主机生产企业有向上一体化的趋势，主机生产企业出于高端化、智能化发展需要，有意愿介入上游配件，尤其是关键零部件生产领域。国内配件生产企业出于自身实力、技术研发能力、市场等角度考虑，倾向于与主机企业建立稳定、长期的合作关系。B 基金认为，如果和主机企业联手对 HT 公司投资，一是能一定程度上减少新产品的市场不确定性，二是主机厂技术力量强，能在行业前沿、产品研发上产生协同效应。对接上 G 集团后，B 基金去拜访考察多次，详细沟通了己方对配件行业及 HT 公司项目的看法，提出了合作设想。其实 G 集团关于上游一体化的想法早就有，由于忙于生产经营及其他事务，没把想法具象化，此次合作双方算是一拍即合，随即成行共同前往 HT 公司。

G 集团是国内一流的工程机械企业，一直想切入关键零部件领域，解决发展中的痛点，以保证在整机行业中竞争优势，具体的零部件类别也有构想，但具体投资模式，是设新厂、并购一家现有零部件企业，还是与其他现有业内企业合作，也没拿定主意。老郑带队到访 G 集团，沟通合作意愿后，集团高层是动了心的，只是现阶段处于行业下行周期，经营压力大，加之公司大，管理上存在官僚主义现象，所以行动有些迟缓。B 基金来访几次起到了催化作用，一是 B 基金谙熟投资领域，在沟通过程中，集团高层考虑的关于投资发展模式等问题，B 基金都能给予正面的、积极的、专业的回应；二是 G 集团觉得，切入零部件领域靠单打独斗要花费很多精力，且不确定性较多，的确以合作的方式操作比较合适，集团本身还是集中精力于整机行业。HT 公司一直是集团很稳定的供应商，企业管理水平比自己不差，尤其是质量管理方面；B 基金资源丰富，与集团有互补之处，B 基金的介入使投资合作事宜推进的步伐快了很多。以上两者可以是理想的潜在合作对象。

有了产业投资者（G 集团）的加入，B 基金的谈判地位大大提升；有了 B 基金的铺垫，G 集团参与合作的方向及主要内容立即清晰起来。首先是关于谈判最关键的估值问题，虽然几经争执甚至几次拍案而起，但有了 G 集团的加持并承诺一定条件下的新产品采购量，老郑也做了让步，最终商定估值

8 亿元。其次是关于投资额及股权比例，G 集团提出，合作后的公司不仅仅限于现有产品转型升级，还要开发液压件。各方对该产品方向都赞同，不过开发液压件需要增加较大投资，G 集团建议由其单方面追加投资，达到控股，老郑委婉而坚定地表示了不同意。B 基金从中斡旋提出了折中建议，分期投资，第一期还是在现有商业计划书框架下实施项目投资，两年内能够形成生产能力的条件下再进行第二期投资上马液压件产品，第二期投资中，G 集团享有优先投资权，可按此次投后企业价值作为估值（即此次估值 8 亿元加上新增投资额），追加投资至在新公司中股权比例达到 30%，如果届时 G 集团新增投资不能覆盖第二期产品所需投资，则经各方商定由 HT 公司进行债权融资或股东同比例追加投资。至此，G 集团也就没一味地坚持控股，老郑也做了让步，各方达成一致。在此条件下，总股权融资额 1.6 亿元，由于新项目总投资 1.57 亿元，债权融资（项目贷款）就暂时不需要了。股权融资中，G 集团投资 1.2 亿元，占融资后 HT 公司股权的 12.5%；B 基金投资 0.4 亿元，占融资后 HT 公司股权的 4.17%。融资后，老郑和他儿子小郑持股变为 72.67%；职工持股平台持股变为 10.67%。最后是关于公司治理，G 集团及 B 基金向投资后的 HT 公司各委派一名董事，B 基金原打算委派财务总监，G 集团及 HT 公司都不支持，各方商定改为其委派董事一名。公司组成新的董事会，成员共五名，老郑的儿子小郑任董事长、G 集团委派的董事任副董事长、HT 公司财务总监任董事、B 基金委派一名董事，外聘独立董事一名。公司重新制定了章程，其中关于股东会和董事会议事决策机制重点进行了规定，照顾到小股东利益；HT 公司组织架构进行调整，成立新产品事业部，G 集团委派一名副总经理，分管新产品事业部。

随着 G 集团的加盟，HT 公司融资在相对较短时间内尘埃落定，新项目很快就上马投产了。

促成了项目，各方皆大欢喜，DK公司在内部复盘会上总结道："这次业务的成功离不开各方的努力，投资活动要坚定不移围绕产业发展为核心展开，这个理念要进一步贯彻到我们投资经理的具体业务中，在此基础上，实际操作中综合利用各种资源促成合作"。

四、投资也是一门艺术

投资（项目投资是投资中的一类）是一门科学，涉及经济、金融、财务、管理、法律等多方面知识和技能，本书融合了这些领域的相关知识，用大量篇幅建立了系统化、公式化的基础知识系统，用于实践中对项目投资的解释与应用。但正像被誉为股神的投资大师巴菲特所说，投资是一门艺术。有人说投资是一种生活方式，有人说投资是一种思维方式，这恰恰都是艺术性的体现。艺术是每个人的感悟，本书不深入探讨。希望这个知识系统作为科学与艺术实现完美融合的土壤，为每个人的感悟厚植积淀，从而有助于从业者更容易跨越思维、驾驭局势。本书第一章案例一中的林总在这方面就富有经验。

周例会结束了，孟部长来到林总的办公室。两人寒暄了几句，林总说到："我今天在会上凶你，也是说给大家听的，别介意。项目沟通不利也不全是你的责任，你第一次参与负责政府项目，这方面经验少，咱俩简单聊聊，也算是个小培训吧"。

"咱们在企业工作，就得为企业创造效益，否则咱没有存在的价值。通俗地讲，创造效益就是得解决实际问题，处理好企业经营中的事情。对企业经营有影响力的主体很多，像客户、供应商、员工等，这些是每个人信口就能列举的。但其实政府对企业影响力也很大，有家国际市场机构在全球范围内做了个调查，结果显示，企业大部分管理人员都认为政府在企业经营中的作用仅次于客户。政府的作用是多方面的，像提供基础设施、融资便利条件；制定出台各种方针、规定对行业及企业施加影响；有时有可能购买我们的产品成为我们的客户，也有可能与我们的产品竞争而成为我们的竞争者；有时候还可以邀请来为我们加强企业宣传。尽管如此重要，很多管理者在与政府商务交往中都经验不足，当然这需要方方面面的努力，党中央多次强调要推动有效市场和有为政府更好结合。与政府合作也是一门学问，需要了解彼此思维方式和逻辑的不同之处。拿咱们这个项目来说吧，互惠互利的事，双方领导都很重视，但你带团队具体实施项目，就得讲究方式方法。”

“首先，了解项目背景，这一点从集团公司角度来说，你是没问题的；从政府那边来说，你的功课做得还不够。该项目有利于提升整个城市的发展水平，市委、市政府很重视，比如我了解到，经过好几次开会研究，你做的项目方案必须要把政府的考虑、要求、基本方向都融合进去，在这个基础上还需要通过不断与他们沟通，了解更多，进行完善。你去了只强调合作项目能创造经济效益，这是不够的，你知道政府不总是把经济效益放在第一位的，得了解他们的出发点在哪里。其次，笼统地讲，政府官员服务于公众利益，而不只是单一哪个企业的利益。与他们沟通要站在政治经济的角度说，比如经济增长目标、社会治理、可持续发展等，展示我们的项目如何有益于公众。最后，最重要的是刚才说到沟通。你和两位处长也就在项目签约仪式上刚认识，在此之前没打过交道。与合作方沟通之前，需要对对方有一些了解，比如说李副处长，名牌大学毕业，很专业，你给他的材料或者说话千万要数据详实、准确，否则无法建立信任。没有信任，如何谈合作?!”

“先跟你说这些，也不算什么诀窍，全在于自己对合作方行事规则与逻辑的感悟和把握，你又不笨，自己回去好好想想。”

孟部长沉思了一会儿，简单说了句，“好，我明白了，林总”，就走了出去。

得益于后续各方良好的沟通协作，孟部长负责的项目顺利推进。

第十章
新手法则

投资圈有句话，“投资就是投人”。要想投对人，沟通是最重要的识人方式。对于初涉投资领域的人，在与企业家沟通时经常会发现聊着聊着“没话说了”，原因各式各样，个人体会不同，市场上也有很多关于沟通的书籍，见仁见智。在投资这个专业领域里，沟通项目时要把握三项基本要素：真诚、用事实说话、说行话。第一个要素是世界观问题，第二个要素是个人风格问题，都不是本书讨论的范畴，第三个要素则需要我们前面说的提高专业化水平和市场化思维能力（尤其是对于政府招商引资人员），专业化水平会拉近双方距离，市场化思维使双方“同频共振”，即所谓在一个频道上。以下两条法则对于投资领域新入职者来讲是在实战中学习提高的有效途径。

一、必须读懂的商业文件

记得在清华大学读工商管理硕士时，教授我们会计课程的夏老师是中国会计学会学术委员，上课时不苟言笑，第一堂课的第一句话就给大家提了一个问题："What is accounting（会计是什么）?"国际班 MBA 是纯英文授课，问题是英文的，同学们入学成绩比较好，问题貌似 So easy（如此简单），加之是第一堂课，大家纷纷举手抢答，尤其是本科背景是财务会计的同学，更是踊跃。一阵喧闹之后，夏老师挥了挥手，大家都静了下来，他一字一顿地说道："Accounting is a business language（会计是一门商业语言）。""企业的经营活动都是用会计语言书写出来的，你们读工商管理的，将来都打算在商业领域发展，不懂会计、读不懂企业，怎么可能发展下去？我的课要求很严格，上课认真听讲，按时完成作业，否则期末考试很难通过……"大家顿时严肃起来。毕业后每每工作中用到财务知识，心里总是感谢夏老师的治学严谨。

无独有偶，投资大师巴菲特在一次演讲中讲道："人们问我在商学院应该学什么，或者他们不去商学院但是为进入商业领域应该做什么准备，我跟他们说你必须理解会计，它是商业语言，不懂会计去做生意就像在异国他乡却不懂当地语言。你必须适应它，就像说英语一样觉得舒适才行……"

进入商业领域是如此，投资领域从业者要认识企业、判断项目，更是要会运用会计（语言）。然而会计是一门专业学科，要想学好谈何容易，作为非专业人士能够运用会计知识技能就可以了。首先就是能读懂财务报表，进行财务报表分析，这是投融资行业必备技能。财务报表是在会计基础上，经过一系列复杂的会计流程编制生成，读懂它需要大量会计基础知识，实践中用专门时间先去学习会计不现实，可以结合项目试着直接从阅读财务报表开始，同时针对需要补充会计知识，在实践中挑战自我，逐渐学习运用。更重要的是，财务是投资领域专业化的核心，最简单直接的例子，项目洽谈中的关键词，营业收入、利润、价值、回报率等都来自财务，都有其企业经营内涵，要想快速提高投融资领域专业化能力，学习研读财务报表是必要且有效的手段。

财务报表反映企业在某特定日期的财务状况和一段时期的经营成果，其使用者很多：企业投资者（股东），包括上市公司股票投资者；企业债权人，比如银行；企业经营管理者（了解企业经营状况，及时发现问题，改进管理）；政府机构，比如国资委（监管国有企业国有资产）、税务机关；供应商（企业向其赊账购买商品或服务）。

财务报表分析是对财务报表有关项目及其质量加以分析研究，对企业的财务状况和经营成果进行剖析和评价，研判企业发展趋势。财务报表分析不光是投资经理必备的技能之一，政府财政、国资、发改等相关经济部门公务人员也应该对其有相当了解。比如，为完善国有资本金监管制度、加强对国有企业监督管理，财政部等国家五部委发布了《企业效绩评价操作细则（修订）》，其中的企业效绩评价指标体系（见表 10-1）就属于经过财务报表分析后才能得出的结果，国资部门工作人员就必须具有这项能力。招商引资中，读懂企业、读懂项目是专业化的基础，然而财务报表分析需要大量专业以及产业知识，对于政府招商引资人员来讲，能够读懂财务报表、进行基本分析、了解企业经营的逻辑，就达到基本要求了。

表 10-1　企业效绩评价指标体系

<table>
<tr><th>评价指标</th><th>基本指标</th><th>修正指标</th><th>评议指标</th></tr>
<tr><td>财务效益状况</td><td>净资产收益率
总资产报酬率</td><td>资本保值增值率
主营业务利润率
盈余现金保障倍数
成本费用利润率</td><td rowspan="4">经营者基本素质
产品市场占有能力（服务满意度）
基础管理水平
发展创新能力
经营发展战略
在岗员工素质
技术装备更新水平（服务硬环境）
综合社会贡献</td></tr>
<tr><td>资产营运状况</td><td>总资产周转率
流动资产周转率</td><td>存货周转率
应收账款周转率
不良资产比率</td></tr>
<tr><td>偿债能力状况</td><td>资产负债率
已获利息倍数</td><td>现金流动负债比率
速动比率</td></tr>
<tr><td>发展能力状况</td><td>销售（营业）增长率
资本积累率</td><td>三年资本平均增长率
三年销售平均增长率
技术投入比率</td></tr>
</table>

财务报表分析方法主要有趋势分析法和比率分析法。趋势分析法就是将当期与前期或连续数期项目金额进行比较，从差异中分析原因、发现问题、判断趋势。比率分析法是对财务报表的有关项目进行比率计算，通过比率数值与历史数值对比变化以及与常态数值的比较来分析和评价企业经营活动。现从上述企业绩效评价指标体系中选取几个重要指标作为例子对财务报表分析进行介绍，这也属于比率分析法范畴。

财务报表一般包括资产负债表、利润表、现金流量表和附注，附注是对上述三张表的有关内容和项目所做的说明和解释。下面我们逐项认识一下这三张表，首先看资产负债表。

资产负债表样表如表 10-2 所示。看到资产负债表，重点关注的项目有（按层级依次说明）：①总资产、总负债、净资产（即所有者权益），我们经常说到的资产负债率即由此产生，资产负债率=总负债/总资产，该指标用来判断企业负债水平，资产负债率低，说明公司经营谨慎，不举债经营，但该指标并不是越低越好，当债务利息低于经营利润率时，企业应适度举债，借用外部低成本资金，以增加股东资本的收益率。资产负债率过高，企业风险大①。一般认为企业资产负债率适宜区间在40%~60%。②流动资产、非流动资产、流动负债、非流动负债，它们的金额和占比可用来判断企业流动性情况，比如，流动比率=流动资产总额/流动负债总额，该指标用来判断企业对短期债务的偿还能力，一般认为流动比率不低于2∶1，意味着企业流动资产两倍于流动负债，即其中一半变现为现金，便可覆盖流动负债。③另外需要重点关注的项目有货币资金、应收账款、固定资产、短期借款、长期借款等，通过数据的质量和纵向变化来分析企业经营状况。

表10-2　资产负债表（简表）

单位名称：　　××××年××月××日　　单位：元

资产	期末数	期初数	负债和所有者权益	期末数	期初数
流动资产：			流动负债：		
货币资金			短期借款		
交易性金融资产			交易性金融负债		
应收票据			应付票据		
应收账款			应付账款		
预付款项			预收账款		
其他应收款			应付职工薪酬		
存货			应交税费		
一年内到期的非流动性资产			其他应付款		
流动资产合计			一年内到期的非流动负债		
非流动资产：			其他流动负债		

① 由于债权资本流动性强，一旦发生风险，有时甚至只是外部风险，债权资本出于避险考虑往往选择退出，如果企业负债率过高则容易陷入流动性枯竭。

续表

资产	期末数	期初数	负债和所有者权益	期末数	期初数
可供出售金融资产			流动负债合计		
长期应收款			非流动负债：		
长期股权投资			长期借款		
固定资产			应付债券		
在建工程			长期应付款		
无形资产			非流动负债合计		
商誉			负债合计		
长期待摊费用			所有者权益：		
递延所得税资产			实收资本		
其他非流动资产			资本公积		
非流动资产合计			盈余公积		
资产总计			未分配利润		
			所有者权益合计		
			负债和所有者权益总计		

利润表样表如表 10-3 所示。利润表的核心是利润怎么来的，表中从营业收入开始到营业利润，再到利润总额，最后到净利润，逻辑非常清晰。企业绩效评价指标中，净资产收益率（ROE）= 净利润/净资产（所有者权益），用来衡量企业盈利能力；主营业务利润率=主营业务利润/主营业务收入，其中主营业务利润=主营业务收入-主营业务成本-税金（在下面利润表样表中可理解为营业收入-营业成本-所得税），用来考察企业正常经营活动的盈利能力。由于企业在经营活动中会发生一些与企业正常经营业务没有直接关系的活动，由此产生的损益称为非经常性损益，比如收到政府补助、资产处置等，主营业务利润正是扣除这些非经常性损益后的盈利。

表 10-3　利润表（简表）

单位名称：　　××××年××月—××月　　单位：元

	项目	本期数	上期数
一	营业收入		
	减：营业成本		
	营业税金及附加		
	销售费用		
	管理费用		
	财务费用		
	资产减值损失		
	加：公允价值变动损益		
	投资收益		
二	营业利润		
	加：营业外收入		
	减：营业外支出		
三	利润总额		
	减：所得税费用		
四	净利润		

现金流量表样表如表 10-4 所示。现金流量表看起来比利润表复杂多了，但其核心只有几个关键项目。首先，看最后一栏“期末现金及现金等价物净增加额”的正负，若为正，则表明企业总体是现金流入的，反之则表明企业总体是现金流出的。这非常重要，直接体现了企业的流动性，若持续为负则需要高度警惕，仔细分析原因。现实中，因现金流枯竭而导致破产的案例远远多于因资不抵债（资产负债表中所有者权益为零甚至为负）或亏损而直接导致破产的案例。其次，对表中三大活动（经营、投资、筹资）也采用同样方式来分析，在此不再赘述。

表 10-4　现金流量表（简表）

单位名称：　　　　××××年××月—××月　　　　单位：元

	项目	本期数	上期数
一	经营活动产生的现金流量		
	销售商品、提供劳务收到的现金		
	收到的税费返还		
	收到其他与经营活动有关的现金		
	经营活动现金流入小计		
	购买商品、接受劳务支付的现金		
	支付给职工的现金		
	支付的各项税费		
	支付其他与经营活动有关的现金		
	经营活动现金流出小计		
	经营活动产生的现金流量净额		
二	投资活动产生的现金流量		
	收回投资收到的现金		
	处置固定资产和其他长期资产收回的现金净额		
	处置子公司收到的现金净额		
	收到其他与投资活动有关的现金		
	投资活动现金流入小计		
	购置固定资产和其他长期资产支付的现金		
	投资支付的现金		
	支付其他与投资活动有关的现金		
	投资活动现金流出小计		
	投资活动产生的现金流量净额		
三	筹资活动产生的现金流量		
	吸收投资收到的现金		
	取得借款收到的现金		
	收到其他与筹资活动有关的现金		
	筹资活动现金流入小计		
	偿还债务支付的现金		
	分配利润支付的现金		

续表

	项目	本期数	上期数
	支付其他与筹资活动有关的现金		
	筹资活动现金流出小计		
	筹资活动产生的现金流量净额		
四	汇率变动对现金的影响		
五	期末现金及现金等价物净增加额		

财务是一项非常专业的职业，令很多非专业人士望而却步，本节只是简要介绍财务报表分析的基本内容。然而正像本篇开头所说，要想在竞争中胜出，就要与众不同，努力完成他人完成不了的事。学会这种商业语言、运用这种商业语言，胜出的概率便大得多。何况有意识地在实战中逐渐学习积累，提升认知是一个持续不断的过程，不去急于求成，也就不会觉得那么难了。

二、市场化思维与产业感觉的快速培养

新进入产业投资领域的从业者经常会羡慕那些投资大咖，为什么他们看项目总是能一眼中的，对产业、对项目的未来有深刻的见地，希望自己也能快速做到。当然这是日积月累的功夫，通过不断的学习、实践、思考、总结，养成市场化思维和产业感觉。要想在初期快速培养成一个有效办法，那就要结合实际项目参与商业计划书制作，之后在实践中逐步积累成熟。

商业计划书涉及产业分析、市场分析、公司战略、企业管理、生产与经营、市场营销、公司理财等多方面的背景知识，需要制作者在较短的时间内快速学习行业知识、了解市场、了解企业管理与生产经营。商业计划书制作

一般由一个团队来完成，有机会参与撰写最好，没机会的话适度参与其制作过程也可。前面讲到，老郑公司与 DK 公司签订了非独家融资顾问协议，协议内容包括为老郑公司外部融资制作商业计划书，下面我们跟随 DK 公司步伐来了解一份商业计划书是怎样生成的。

1. DK 公司内部组建顾问团队

由于该顾问项目是长期项目，从商业计划书制作、私募融资服务到将来可能的上市服务，时间跨度大、服务价值高。项目组组长由 L 总亲自担任，负责统筹协调及客户维护。小组成员有投资副总监、资深顾问 G 总，对机械制造行业非常熟悉，曾参与多家公司上市融资项目；另两名成员中，小 L，入职公司约三年，法律背景；小 Z，刚入职公司一年，财务背景。商业计划书主要由 G 总带小 L 完成，财务部分内容由小 Z 重点参与编制。项目组成立后进行了详细分工，大家分头对行业、对老郑公司就公开信息进行学习、了解，提前做功课，准备对老郑公司的访谈。小 L 负责制作访谈提纲，事先发给对方。

2. 公司访谈

访谈分三个层面，老郑和他儿子（股东）、公司高管、中层及以下（包括一般职员，选取样本），访谈提纲如下。另外，顾问团队还准备了对 HT 公司下游客户的访谈，尤其是与其刚签订战略合作协议的××集团。

HT 机械制造有限公司访谈提纲

——郑总、小郑总

1. 请简单介绍一下贵公司的基本情况？（包括但不限于成立背景、组织架构、业务布局、经营情况、团队情况等）

2. 目前，HT 公司战略愿景、使命、价值观及企业文化是什么？

3. 对工程机械行业整体形势及未来发展有何判断？

4. HT 公司当前发展面临哪些机遇和挑战？

5. HT 公司具备哪些核心能力和资源？

6. 公司未来的发展方向、战略定位和业务目标是什么？

7. HT 公司投融资模式是怎样的？有哪些融资渠道和手段？如何解决资金短缺的问题？

8. 落实您提到的总体发展思路，如何有效控制风险？

9. 如何实施公司重大财务事项的监管？

HT 机械制造有限公司访谈提纲
——高管、中层及以下人员

一、基本情况介绍

1. 请简单介绍一下贵公司的基本情况？（包括但不限于成立背景、组织架构、业务布局、经营情况、团队情况等）

2. 您认为有哪些外部企业是和 HT 公司相似的？可以从企业规模、产品等方面综合考虑，适合对标研究。

二、发展战略及管理

1. 目前，HT 公司战略愿景、使命、价值观及企业文化是什么？

2. 公司未来的发展方向、战略定位和业务目标是什么？

3. 行业发展特点及宏观影响因素有哪些？市场状况如何？未来发展趋势是怎样的？

4. 目前本公司处于哪个发展阶段？在行业中的竞争位势如何？公司的优势和劣势有哪些？

5. 公司目前具备哪些核心能力和资源？根据公司发展方向，未来应具备哪些核心能力和资源？

6. 公司需加强哪些职能管理？（如战略管理、投融资管理、财务管理、审计管理、人力资源管理等）

7. 您认为公司的绩效考核有哪些需要改进的地方？

8. 您认为目前HT公司的部门职责和边界是否清晰，衔接是否顺畅？哪些需要调整？

9. 目前现有人员的能力、素质、态度等方面是否能够满足今后发展的要求？

三、资本、金融情况

1. 您认为目前HT公司在资金运转、对外融资方面的现状、措施是否合理？

2. 您认为金融、资本市场对HT公司未来业务发展等有什么影响？

四、其他问题补充

您觉得还有哪些问题或信息需要补充？您对我们项目组有哪些期望和建议？

与老郑和他儿子小郑的访谈，主要目的是了解公司实际控制人的品格、性格及其对行业的理解、对公司的战略考虑，公司文化、管理模式等；对公司高管的访谈主要是了解管理团队的背景、精神状态、专业化程度、对公司文化的认同度，公司管理状况，市场、客户、供应商、竞争对手情况；对中层及以下人员的访谈主要是了解公司产品情况、生产经营情况，发现管理问题。

3. 商业计划书撰写

按商业计划书的结构顺序依次说明如下：

（1）执行摘要。

这是开篇，相当于归纳总结部分，是投资者打开商业计划书首先看到的，要求高度凝练项目优势与投资亮点，用短的篇幅抓住投资者眼球，激起其进一步阅读的欲望。这部分在最后撰写。

（2）公司介绍。

公司简介，简单介绍公司基本情况，注册资本、员工人数、主导产品、年销售收入等。这里面有两个信息是投资者一定会重点关注的，即主导产品和年销售收入。有这两个信息，就可直接给企业画像，亦即企业是做什么的（产品）、做得多大（销售收入）。企业大小用资产规模来衡量不是最有效的，因为资产大不一定创造的效益高；用利润来衡量也不是最有效的，因为从前述财务报表分析我们知道，利润是计算出来的。相对来讲，销售收入能最直接反映企业在市场上竞争的结果，在整个行业中占有多大份额。这就是为什么大家看到的世界500强榜单是按营业收入排名的。投资者、中介机构、招商引资人员在和企业初次见面时，都会首先问到其销售收入，用来初步研判企业实力，其次才根据沟通氛围提及利润多少，用来加深判断，利润指标相对敏感，初次见面有时不适合直接问，或者对方不太情愿回答，当然商业计划书中不能回避这种关键事项，反倒是要在财务部分重点叙述。

公司发展历程，亦即公司历史沿革，涉及兼并重组、迁址、重大荣誉等。

股权结构。股东明细、所占股权份额等。需指出的是HT公司有职工股12.8%，由一人代持，这种情况不被法律支持，拟借此次吸收外部投资者时机，统一规范起来，落实到每个自然人。

（3）产品与服务。

产品介绍。现有工程机械配件的生产种类、功能、应用场景、各自在销售收入中所占比例等，转型升级新产品介绍。

生产技术、工艺、设备。包括生产流程图、主要设备清单等。

知识产权情况。专利、专有技术等。

供应商情况。现有产品前五位供应商简介及供应额，新产品开发供应保障。

产品发展规划。在此处描述 HT 公司打算进入深加工领域的产品及产品开发时间表。

（4）市场分析。

本部分需要大量数据，要以权威第三方发布数据为准，比如本案例商业计划书市场分析就用到国家统计局及行业协会等发布的数据。为充分论证项目可行性，必要时顾问公司要动用资源自行进行市场调研、专家访谈，获取第一手资料。是否具有这类资源也是中介机构实力水平的体现。

行业概述：公司所处行业及在行业中的地位、国家政策、行业发展方向的预测。

市场背景：下游工程机械市场整体情况，国家政策、市场规模、预计增长率。

细分市场分析：HT 公司具体产品情况，市场规模、增长潜力、现有市场份额，现有产品前五大客户简介及销售额，新产品市场预测。

行业竞争分析：现有竞争者情况（产品、规模、市场份额），未来竞争判断，可借助波特五力模型、SWOT 分析等工具进行深入分析判断。

核心竞争力分析：HT 公司的客户优势、团队优势、产品质量优势，细化描述。

关于商业模式的分析在商业计划书中至关重要，经常在此有专门的章节进行描述，告诉投资者项目是如何运行并产生盈利的，项目成功的关键要素有哪些，融资方如何拥有或设法获取资源从而具备这些成功要素。HT 公司属于成熟生产型企业，商业模式简单清晰，所以不作为单独章节，在其商业计划书中直接进入下一部分发展战略。

（5）发展战略。

公司目标：未来5年产品及其销售目标，在此基础上的公司愿景描述。

市场策略。

市场开发计划。

（6）生产经营。

基础设施保障，厂房改扩建情况，水、电、汽、环保、消防配套情况。

生产技术、工艺、设备介绍，技术、工艺先进性描述，主要设备清单。

生产管理，原材料供应、物流、库存管理等。

（7）公司组织架构及人力资源。

核心团队成员介绍：核心成员包括公司实际控制人，人事、财务、营销、运营、技术等部门的关键雇员（高管、部门经理、主管等），一般选取4至6人；主要介绍个人头衔、教育背景、经历、领导和管理能力，突出工作经验和历史业绩。

组织结构：组织架构图、各部门职责描述。

人力资源管理：岗位设置、薪酬及激励机制、员工持股计划。

（8）财务分析。

前三年利润表及现金流量表分析。

基于HT公司过往的各项成本费用情况，对其成功开发上市新产品的五年销售收入、成本费用进行预测，形成后五年预测利润表及现金流量表。

根据上述预测，对公司价值进行评估。用贴现现金流量法及市盈率法，两种方法综合对比确定公司价值。

该部分需要行业财务数据对比分析，一般选取同行业产品、经营模式相近的上市公司进行对标，上市公司信息资料比较容易获取，公司网站、交易所网站、各大财经媒体均有权威发布。

(9) 融资计划。

融资规模及出让股权比例。

资金运用计划。

资本退出：公开发行上市、现有实际控制人回购、并购三种方式。

(10) 风险分析。

产品风险：产品质量、产品迭代。

市场风险：行业周期风险、客户关系维护风险。

管理风险：核心团队人员流失、管理不规范。

(11) 附件：产品专利证书，客户战略合作协议等。

以下是 DK 公司为 HT 公司所做的商业计划书简版，其中涉及基本信息类的内容进行了删减。

HT 机械制造有限公司产品升级项目商业计划书

(简版)

执行摘要

HT 机械制造有限公司位于××省××市，成立于 1991 年，三十多年来专注于工程机械行业，生产销售工程机械零配件，主营产品有××和××两大系列，产品广泛应用于工程机械、采掘设备、商用汽车、军工装备等领域。公司现有员工 312 人，20××年营业收入 5.36 亿元人民币。

HT 公司注册资本 6296 万元，现有三位股东，其中老郑（化名）持有公司 78.4%的股份；董事长兼总经理小郑（老郑儿子，化名）持有公司 8.8%的股份；财务总监董××持有公司 12.8%的股份。老郑与小郑系父子关系，老郑为公司实际控制人，董××所持股份为代持公司内部职工股。

HT公司经多年积累，形成了“研发+生产+销售+服务”一体化的经营模式，经过多年的自主研发及生产实践经验积累，掌握了精密铸造技术、冷拔工艺技术、热处理技术等核心生产工艺技术，形成了完善的质量管理体系，公司产品在业内享有较高声誉，多次获得行业协会质量大奖及客户颁发的最佳供应商奖项。公司秉承团结、高效的企业文化，经营团队具有多年丰富的行业经验，客户关系稳固。

基于在行业中良好的优势条件，HT公司拟在原有产品基础上进行转型升级，上马数控加工中心项目，以提高产品附加值，增强公司盈利能力。该项目××产品系列有利于下游客户提升其产品设备性能，得到客户大力支持，已有××集团与公司就开发新产品签订战略合作框架协议。

该项目总投资1.57亿元，拟以现有企业股权融资1.21亿元，占融资后总股本的11%。项目现已自筹资金启动建设，在原有厂房基础上扩建改造，预计建设周期不超过1年。

HT公司计划在未来五年内公开上市，投资者可实现退出，或由公司回购投资者股份。

第一章 公司介绍

1.1 公司简介

HT机械制造有限公司成立于1991年，现有注册资本6296万元，员工312人。20××年营业收入5.36亿元人民币，净利润3797万元。

1.2 发展历程

（略）

1.3 股权结构

HT机械制造有限公司股权结构清晰，现有三位股东，其中老郑持有公司78.4%的股份；董事长兼总经理小郑持有公司8.8%的股份；财务总监董××持有公司12.8%的股份。老郑与小郑系父子关系，老郑为公司实际控制人，董××所持股份为代持公司内部职工股，共涉及职工24人。

第二章 产品与服务

2.1 产品

HT公司专业从事××配件研发、生产和销售，产品主要包括……经过多年的自主研发及生产实践经验积累，掌握了精密铸造技术、冷拔工艺技术、热处理技术等核心生产工艺技术，产品广泛应用于工程机械、采掘设备、商用汽车、军工装备等领域。目前已与下游行业知名客户建立了稳定合作关系，其中包括……

（按主导产品详细介绍，包括工艺流程、在销售收入中所占比重等）

2.2 经营模式

HT公司经多年积累，形成了“研发+生产+销售+服务”一体化的经营模式，主要通过直接销售开发业务，收入及利润来源于产品销售。

（按采购、生产、销售分部叙述）

2.3 知识产权（略）

2.4 供应商情况（略）

2.5 产品发展规划

HT公司在现有产品和技术基础上进行转型升级，以下游整机行业高端化、智能化为发展方向，提高产品附加值，具体产品规划如下……

第三章 市场分析

3.1 行业概述

公司所处工程机械配件行业上游主要是钢材及其他辅料，下游主要是挖掘机、推土机等工程车辆、采掘设备、商用汽车等。中国工程机械行业发展迅速，高端化、智能化成为大趋势，但是与主机相配套的配件产业发展水平还不足，一些关键零部件技术主要由外国企业主导，我国工程机械配件行业亟须进行产品转型升级，以适应市场需要。

3.2　市场背景

工程机械是机械工业重要支柱产业之一，主要用于基础设施建设、城市建设、交通运输建设等领域。工程机械属于高端装备制造业，具有典型的强周期属性。我国的工程机械产业经过多年的长足发展，已跃居全球最大的工程机械市场。近年来，中国经济增速回落、房地产调控、基础设施投资增速放缓等因素对工程机械行业发展速度造成负面影响，但随着国家逆周期调节政策不断加码，环保政策趋紧导致设备加速更新换代、市场二手设备加快更新，“一带一路”拉动出口增长，工程机械行业强周期波动得到了平滑。根据国家统计局数据，我国全社会固定资产投资总额增速在2020年达到最低点后开始有所回升，见下图。这为工程机械行业的发展创造了良好的外部环境。预计“十四五”期间我国基建和房地产投资仍将保持稳中有升，中长期来看行业周期波动性将大幅降低。

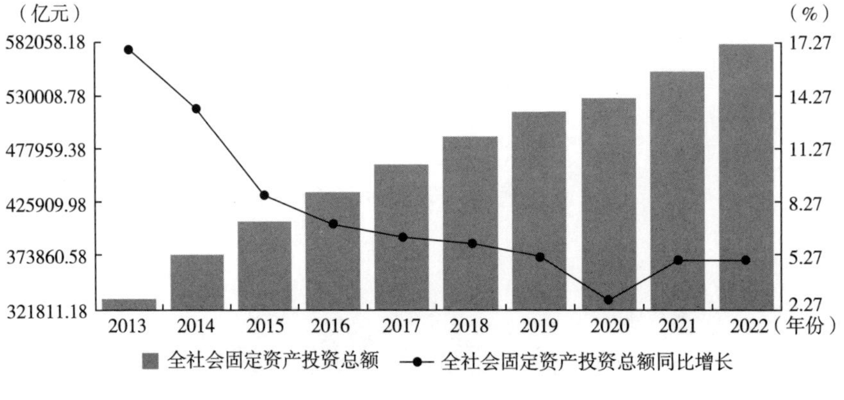

2013~2022年全社会固定资产投资

根据工程机械工业协会数据显示，20××年全行业完成营业收入×××亿元，同比增长××%……

××配件是工程机械的核心部件，随着工程机械行业景气度上升，××配件的市场需求也日益增长……

3.3　细分市场分析及产品市场定位（略）

××配件行业发展概况及HT公司产品定位。

产品产业链上下游情况。

细分市场供求状况。

细分行业技术水平及未来发展趋势。

行业进入壁垒。

3.4　竞争分析

与本公司产品直接形成竞争的公司主要有：

××机械（中国）有限公司，是××国机集团在中国设立的全球第六个生产基地，成立于2001年，注册资本900万美元，主要产品有……，与公司拟上马新产品有直接竞争，其年销售收入21亿元，拥有专利119项，根据××协会数据，20××年其产品市场占有率××%。该公司是细分行业龙头企业，管理规范、产品质量好，但生产成本高，产品售价高。

××科技股份有限公司，成立于2003年，注册资本1.3亿元，主要产品有……，与公司现有产品有直接竞争，其年销售收入11亿元，拥有专利39项。该公司产品线广，品种丰富，但核心竞争力不突出。

……

与上述竞争对手相比，本公司生产管理规范、产品质优价平，但目前没有深精加工，盈利水平不高。进入深加工领域后同样以质优价平提高产品竞争力，开拓市场。

3.5　核心竞争力分析

经过多年稳健发展和积累，HT公司与下游客户形成了长期稳定的合作关系，公司产品升级改造计划得到了客户高度认可与大力支持。

公司团队管理经验丰富，产品质量管理严格，产品质量在业内享有较高声誉，连续多年获得行业协会颁发的质量大奖及重大客户最佳供应商奖项。

第四章　发展战略

4.1　目标任务

优化资源结构，拉长长板、补齐短板，夯实发展基础、提升盈利能力，塑造企业文化，增强核心竞争力，力争用三年时间把公司发展成为国内领先的工程机械配件企业。

4.2　发展战略

SWOT分析矩阵

优势： 1. 团队富有经验，企业文化凝聚力强 2. 技术工艺积淀深厚，产品质量管理严格，在业内享有声誉 3. 有良好稳定的客户关系	劣势： 1. 与产业龙头相比规模较小 2. 融资渠道单一，资本结构有待优化
机会： 1. 我国经济总体向好趋势不变，未来行业仍将稳定增长 2. 政府政策支持转型升级	威胁： 1. 行业周期性强 2. 细分行业集中度不高，弱散市场竞争激烈

通过上述分析确定公司发展战略为：

立足自身优势，深耕现有行业；

通过引进外部投资者优化公司资本结构，增强财务实力；

瞄准高端化、智能化方向，通过技术进步实现产品转型升级。

4.3　市场策略

强化品牌战略，树立高端品牌形象，以高产品质量和良好服务赢得市场。稳固现有客户，××集团已就新产品与本公司签订长期战略合作协议（见附件），争取年内与××股份有限公司也签署战略合作协议。在维护好现有客户的基础上，加强新客户开发力度，主要目标客户有……，目前均已建立联系。另外，公司正在积累国际市场渠道资源，将适时开发产品出口市场。

第五章　生产经营（略）

第六章　公司组织架构及人力资源

6.1　核心团队成员介绍

老郑，实际控制人，65岁，公司创始人，在行业浸染多年，对行业有深刻理解和洞察，在公司有较强声誉和凝聚力。

小郑，董事长、总经理，39岁，美西北大学工商管理硕士，2017年加入公司，视野开阔，善于协调关系，具有较强领导能力。

张××，副总经理，毕业于××工业大学金属材料学专业，52岁，负责公司技术开发，有近30年行业经验，带领技术团队曾获得省科技进步二等奖，有职务发明专利8项。

蔡××，副总经理，48岁，加入公司15年，负责公司生产经营管理，质量管理贡献突出，公司连续多年获得客户颁发的“年度最佳供应商”称号。

……

6.2　组织架构及职能

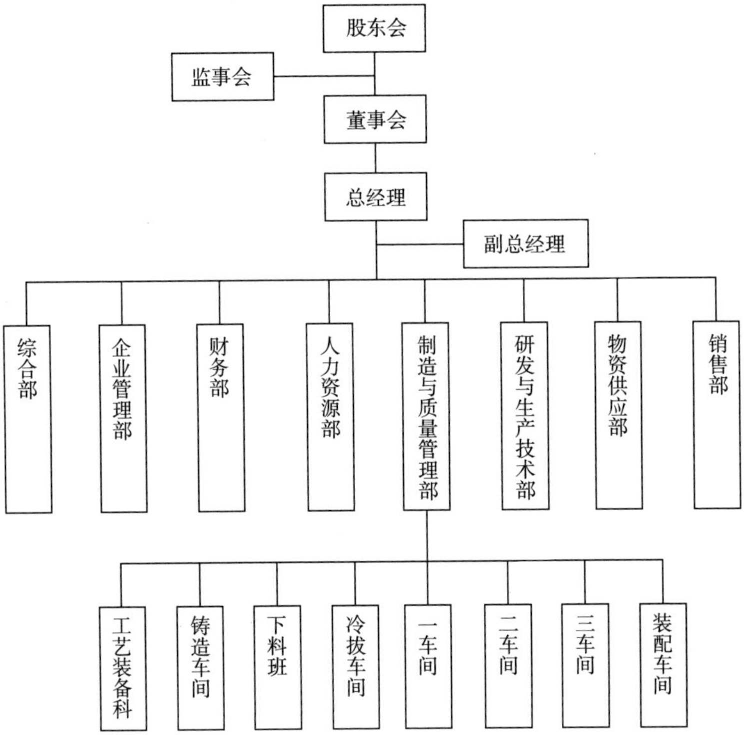

各部门主要职能（略）。

6.3　人力资源管理（略）

6.4　员工持股计划

公司拟将现有员工持股按公司法进行规范，并根据现有持股人员分布与股权激励相结合，具体方案另行制定。

第七章　财务分析

7.1　公司近三年财务报表

上年度资产负债表（此处略，见本书第九章第二节）

近三年利润表如下（简表）：

近三年利润表 单位：元

项目	20××年	20××年	20××年
一、营业总收入	536，012，178.21	460，970，473.26	350，798，530.15
二、营业总成本	491，520，341.65	422，207，127.25	321，299，623.84
其中：营业成本	436，698，132.39	375，560，393.86	285，801，459.72
税金及附加	3，550，426.89	3，053，367.13	2，323，612.38
销售费用	8，614，755.62	7，408，689.83	5，638，012.96
管理费用	18，803，222.81	16，170，771.62	12，305，957.20
研发费用	20，821，453.27	17，906，449.81	13，626，808.31
财务费用	1，364，462.11	1，173，437.41	892，985.87
资产减值损失	-1，667，888.56	-934，017.59	-710，787.39
三、营业利润	44，491，836.56	38，763，346.01	29，498，906.31
加：营业外收入	199，856.46	171，876.56	130，798.06
减：营业外支出	364，552.81	313，515.42	238，585.23
四、利润总额	44，327，140.21	38，621，707.15	29，391，119.14
减：所得税	6，352，787.94	5，463，397.63	4，157，645.60
五、净利润	37，974，352.27	33，158，309.52	25，233，473.54

近三年现金流量表（略）

从 HT 公司近三年财务报表可以看出，公司经营稳健，营业收入、净利润逐年增长，经营活动现金流量连续为正值，但销售净利率等指标处于低位，说明企业需要转型升级，提高产品附加值，增强盈利能力，现将企业开发上市新产品后的财务状况进行预测，并以此为基础对公司估值。

7.2 HT 公司五年财务状况预测

财务预测的基本假设：

公司本年度融资完成，新项目建设预计一年内完成（事实上本年初公司已自筹资金先行启动厂房改扩建)，第二年下半年投产，第三年产能爬坡，第四年稳定量产，第五年达到永续稳定经营状态。

主要财务指标预测。营业收入，第一年为公司正常生产销售原有产品，预计销售收入增长8%；第二年有部分新产品投放市场，部分原产品转化为公司内半成品，销售收入比上年预计增长15%；第三年新产品逐步形成生产能力，预计销售收入增长30%；第四年量产，预计销售收入增长50%；第五年开始，假设永续经营增长率为5%。销售费用，第一年为正常增加；第二年至第四年因为新产品开发市场，增幅较大；第五年开始与销售收入相匹配，进入正常状态。管理费用，第一年至第三年由于新项目建设，增幅较大；第四年开始与企业规模相匹配，进入正常状态。财务费用，第一年自筹资金启动新项目建设，银行贷款增加带来财务费用增加；第二年至第五年另外逐年增加流动资金贷款，增加财务费用；第五年以后进入正常状态，保持高于销售收入增幅。研发费用，第一年增加较多，第二年开始进入正常状态。利润表中其他指标与企业经营相匹配增加，详见预测利润表。

HT公司五年预测利润表 单位：元

项目	第一年	第二年	第三年	第四年	第五年
一、营业总收入	578,893,152.47	665,727,125.34	865,445,262.94	1,298,167,894.41	1,363,076,289.13
二、营业总成本	543,010,883.50	621,110,725.55	806,944,052.09	1,202,339,618.85	1,258,503,187.03
其中：营业成本	471,633,982.98	528,230,060.94	676,134,478.00	993,917,682.66	1,033,674,389.97
税金及附加	3,834,461.04	4,409,630.20	5,732,519.26	8,598,778.88	9,028,717.83
销售费用	9,303,936.07	13,955,904.10	19,538,265.75	31,261,225.19	34,387,347.71
管理费用	22,321,241.85	30,652,046.66	44,361,341.56	70,978,146.49	74,527,053.82
研发费用	31,232,179.91	37,478,615.89	52,470,062.24	83,952,099.58	92,347,309.54

续表

项目	第一年	第二年	第三年	第四年	第五年
财务费用	2,677,520.19	4,075,772.08	5,706,080.91	9,129,729.45	9,586,215.93
资产减值损失	-2,007,561.46	-2,308,695.68	-3,001,304.38	-4,501,956.57	-4,952,152.23
三、营业利润	35,882,268.97	44,616,399.79	58,501,210.84	95,828,275.56	104,573,102.10
加：营业外收入	179,856.46	206,834.93	268,885.41	295,773.95	325,351.34
减：营业外支出	524,552.81	603,235.73	784,206.45	1,176,309.68	1,293,940.64
四、利润总额	35,537,572.62	44,219,998.99	57,985,889.80	94,947,739.83	103,604,512.80
减：所得税	5,952,667.52	6,845,567.65	8,697,883.47	14,242,160.97	15,540,676.92
五、净利润	29,584,905.10	37,374,431.34	49,288,006.33	80,705,578.86	88,063,835.88

7.3　HT公司价值评估

贴现现金流量法估值：

加权资本成本计算。债务成本取HT公司银行贷款综合利率4.36%；股本成本测算使用资本资产定价模型（CAPM）比较多，但计算过于复杂，本案例使用股利增长模型计算股本成本约为10%。公司加权资本成本WACC=(E/V)×Re+(D/V)×Rd×(1-T)，其中E=公司股本6296万元，D=公司银行贷款3512万元，V=公司股本+银行贷款=9808万元，Re=股本成本10%，Rd=债务成本4.36%，T=公司所得税率（高新技术企业15%），计算得出公司加权资本成本约为8%。

未来五年自由现金流量预测见下表。其中第一年资本性支出预计6060万元，包括厂房改扩建投资2900万元，设备预付款2160万元，其他支出1000万元；第二年资本性支出预计6040万元，包括其他支出1000万元，设备余款支出5040万元，下半年新产品投产增加流动资金1600万元；第三年增加流动资金2000万元。五年自由现金流量测算如下表所示。

五年自由现金流量测算表 单位：元

	第一年	第二年	第三年	第四年	第五年	终值
息税前利润	38,215,092.81	48,295,771.07	63,691,970.71	104,077,469.28	113,190,728.72	
所得税	5,952,667.52	6,845,567.65	8,697,883.47	14,242,160.97	15,540,676.92	
折旧与摊销	15,963,457.51	18,584,929.57	18,984,931.17	17,845,835.30	16,775,085.18	
资本性支出	60,600,000.00	60,400,000.00				
流动资金净增加额		16,000,000.00	20,000,000.00			
自由现金流量	-12,374,117.21	-16,364,867.01	53,979,018.41	107,681,143.61	114,425,136.98	1,945,227,328.73
现值	-11,457,515.93	-14,030,235.78	42,850,285.15	79,148,855.14	77,875,825.55	1,225,823,179.95

预计未来一段时间我国宏观经济增长率为3%~5%，现保守假定5年后自由现金流永续增长率为2%，则终值为194523万元。

将上述自由现金流量贴现加总得到HT公司贴现现金流量法评估价值约14亿元。

市盈率法估值：

选取沪深交易所工程机械零件上市公司进行对比，扣除极端情况，二级市场平均市盈率为44倍，考虑到一级市场折价，加之HT公司属中小企业，给予一定风险溢价，估值市盈率在20~22倍，但公司新产品市场增长确定性较高，综合考虑按平均市盈率的60%确定其静态市盈率倍数为26.4，则估值约为10亿元。

综合上述两种估值结果，现确定HT公司股权价值为10亿元。

第八章　融资计划

8.1　融资规模及出让股权比例

按估值10亿元计算，计划融资1.2亿元，对应出让股权11%。

8.2 资金运用计划

新产品项目计划总投资 1.57 亿元。股权融资 1.21 亿元计划用于基建投资（原有厂房扩建改造加部分新建）约 2900 万元（HT 公司已先行自筹资金投入将近 2000 万元）、设备投资约 7200 万元、其他费用预计 2000 万元，预计流动资金在原有基础上增加约 3600 万元，将来用债权融资（银行贷款）方式解决。

8.3 资本退出

完成本轮融资、新产品上市后，本公司力争三年左右在国内 A 股市场首发公开上市，若五年内仍不能实现该目标，则由公司回购投资者股份，回购条件在投资协议中进行约定，若公司届时无法按约定条件回购，则投资者可以以外部并购方式实现退出，此时公司应予以同意。

第九章 风险分析（略）

附件：产品专利证书、产品质量奖项证书、客户战略合作协议（略）。

企业对外融资时，都希望自己的估值越高越好，尤其是对于“创一代”的企业，创始人有浓厚的情结，总觉得自己的企业一万个好，常常对融资条件期望过高。本商业计划书估值部分初看起来就有些高，这还是 DK 公司对老郑做了大量说服工作的结果，好在该商业计划书有个最大的卖点，是 HT 公司与下游客户签署了战略合作协议，使得项目市场不确定性大大降低，支撑其估值基础（出于商业考虑，协议书没有具体列出）。

参考文献

[1] 曼昆．经济学原理［M］．梁小民，梁砾，译．北京：北京大学出版社，2017.

[2] 保罗·克鲁格曼，罗宾·韦尔斯．微观经济学［M］．赵英军，译．北京：中国人民大学出版社，2020.

[3] 刘志东．投资学［M］．北京：高等教育出版社，2019.

[4] 韩立岩，赵尚梅．宏观经济学十二讲：中国情景［M］．北京：北京大学出版社，2022.

[5] 李志军．中国城市营商环境评价［M］．北京：中国发展出版社，2019.

[6] 潘同人．潜入关系：中国招商引资中的政府与市场［M］．上海：上海人民出版社，2017.

[7] 郭熙保．发展经济学［M］．北京：高等教育出版社，2011.

［8］高翔，杨翠红．国际产业转移：测度、演变及趋势［M］．北京：科学出版社，2023.

［9］阎敏．投资银行学［M］．北京，科学出版社，2015.

［10］谢香兵，张肖飞．财务分析与公司估值［M］．北京：经济科学出版社，2021.

［11］赵方方，刘宽．私募股权投资基金操作实务与图解［M］．北京：法律出版社，2015.

［12］王东胜．公司理财学［M］．天津：南开大学出版社，2013.

［13］国家科技风险开发事业中心．商业计划书编写指南［M］．北京：电子工业出版社，2012.

［14］Adam Smith. An Inquiry into the nature and causes of the wealth of nations［M］. Beijing：China Social Sciences Publishing House，1999.

［15］DK. How Business Works［M］. London：Dorling Kindersley Limited，2015.

后　记

时光荏苒，转眼我国改革开放四十多年了，短短四十几年，我国经济发生了翻天覆地的变化，世界也面临百年未有之大变局。

我在二十世纪八十年代大学毕业，那时候大学生毕业就业去向还是计划分配，学校将毕业生按综合成绩排序，毕业生根据排序依次在就业分配表中选择自己的工作单位。我毫不犹豫地选择回家乡山东，由于专业对口，进入铁道部济南机车工厂（现为中国中车子公司）。进厂后不久恰逢工厂产品转型，开始生产铁路货车车厢，所在车间承担了攻关任务——关键部件减震系统的研发生产，可以说从那时起我便打下了产业投资转型升级的烙印。八十年代后期，中国改革开放如火如荼，济南市政府新设立部门——济南市对外经济贸易委员会公开招考政府工作人员，当时觉得这个部门是同外商打交道，自己外语不错，肯定用得上，就参加应聘，顺利入职，站到了改革开放一线，从事外商投资审批管理工作。伴随机构改革，单位名字几经变迁，从对外经济贸易委员会到对外贸易经济合作局，再到后来的商务局，机构职能不断增加、完善，自己始终没离开过外商投资、招商引资岗位，期间在政府驻国外代表处工作时，直接参与跨国公司赴中国投资项目的决策过程。在商务局任副局长期间，还兼任市政府支持产业发展的投资子基金——国商投资有限公司总经理。

多年产业投资一线的工作经历，能让我接触不同领域、不同层次的相关从业者，他们每个人代表的经济主体在产业投资活动中都有其不同的利益诉求，也都有其自身的规则与逻辑。如何以更高更宽的视野看产业投资，厘清其运转的底层逻辑，从而能够在实践中自如地把握、运作项目，在合作与博弈中平衡各方利益、实现共赢，是我工作中伴随着项目运作常常思考的问题。

职业生涯中有两次经历对自己提升颇大，加深了对上述问题的思考。一次是在济南市对外贸易经济合作局工作期间，参加全国研究生招生考试考入清华大学，就读经济管理学院全日制工商管理硕士，研究方向为财务与投资。全日制学习使自己有难得的机会来沉淀和思考，清华跨越百年的学风、前沿的课程设置、专业大师级的授课老师、来自各行各业的睿智同学，无不促使我对过往实践经历进行深度沉淀与升华。魏杰老师的宏观经济学最后一堂总结课，没有携带一个字的讲义，徒手板书讲授，娓娓道来，图言并举，将宏观经济学的脉络、要点像一幅图画般展现在同学们面前；夏冬林老师的治学严谨和他教授的会计学专业要求浑然天成；廖理老师的公司理财学对投融资活动规律、规则揭示得淋漓尽致；肖星老师的财务报表分析将案例中上市公司的经营活动刻画得惟妙惟肖……同学们的学习小组讨论通常被大家戏称为“烧脑课时”，头脑风暴亮点纷呈，每每至深夜仍然正酣时。所有这些画面，多年过后依然历历在目、栩栩如生。

另一次经历发生在近几年。2019 年山东省以《中共山东省委关于推动开发区体制机制改革创新促进高质量发展的意见》拉开了开发区改革的大幕，2020 年我被组织委派至国家级莱芜高新技术产业开发区任主任。开发区是经济工作主战场，我的工作性质由经济一线进一步成为经济发展直接主体的决策者，对各类经济主体在经济大潮中艰难拼搏有着切身感受，对产业投资各参与方之间的合作与博弈、各方的参与逻辑与规则有了更深刻的感性认识。

后疫情时代，受大国博弈、地缘政治冲突局势日益严峻等外部冲击的影响，加之我国仍处于经济转型阶段，经济下行压力大，企业经营面临多重困难，产业投资活动更加弥足珍贵，如果把产业投资看作一个行业的话，此时更需要行业内各参与方洞悉行业规律与逻辑，跨越在自身领域从业形成的思维范式，创新、融合地处理问题，不浪费每一次投资机会。作为这个行业多年的从业者，把实践中的思考总结归纳，给同行作参考，也算是对行业尽微薄之力吧。

工作繁忙加上自身惰性，计划屡屡拖延。十分感谢同事、朋友们的关心和鼓励，甚至每当他们只是问一句“书稿写得咋样了”，都是我前行的动力。

王喜东

二〇二三年十一月于山东济南